집에서 만드는 호텔 파스타
NEW OTANI HOTEL PASTA 100

호텔 뉴오타니 지음

달리숲Home

파스타가 더욱 맛있어지는
호텔 뉴오타니의 비법

호텔 뉴오타니가 처음 문을 열었을 때부터 파스타는 커피숍 '아제리아'의 메뉴였다. 당시 선보였던 파스타는 해산물과 다양한 버섯 등의 재료를 화이트와인과 간장, 버터로 간한 일본식 파스타였다고 한다. 이후 50여 년 동안 호텔 뉴오타니는 독자적인 맛의 기준을 고수하며 수많은 파스타를 개발하고 선보여 왔다.

엄선한 재료, 그 재료에 가장 알맞은 조리법, 그리고 뛰어난 요리사의 솜씨와 열정! 이 모든 것이 어우러져 호텔 뉴오타니만의 파스타가 완성되었고, 호텔 뉴오타니만의 기준을 고수하며 만들어진 파스타들은 그야말로 최고의 맛을 자랑하고 있다.

그렇다면 어떻게 해야 정말 맛있는 파스타를 만들 수 있는 걸까? 그 답은 바로 '균형과 타이밍'에 있다.

균형이란 재료와 소스, 그리고 파스타면의 지름이 서로 얼마나 잘 어울리는지를 뜻한다. 그리고 타이밍이란 파스타면이 익은 정도와 소스를 섞는 적당한 시점 그리고 재가열 여부를 말한다. 파스타면은 소스와 섞이는 동안에도 익어서 부피가 늘어나므로 이 점을 고려하여 약간 딱딱하게 삶아 소스를 흡수하면서 가장 알맞게 익도록 만들어야 한다. 물론 간을 맞추는 일도 중요하다. 사용한 재료의 어떤 맛을 살릴지, 짠맛은 어떻게 조절할지, 그 미묘한 차이를 균일하게 만드는 것은 하루에 1,000그릇 이상이나 조리하는 호텔 셰프에게도 매우 어려운 일이라고 한다. 또 면과 소스의 양도 맞추어야 한다. 다 먹고 나서 그릇에 소스가 많이 남아도, 너무 모자라도 안 된다. 그 파스타를 먹는 데 최적의 양을 유지할 수 있도록 세심한 주의를 기울여야 한다. 이 모든 균형과 타이밍을 따져서 조리해야 비로소 '정말 맛있는 파스타'를 만들 수 있다.

이 책에서는 지금까지 호텔 뉴오타니에서 제공된 메뉴뿐 아니라 요리사나 서비스 직원들이 제공한 수많은 아이디어와 노하우를 레시피에 담아 가정에서도 재현하기 쉽도록 여러 가지 요령을 제시했다. 호텔에서 제공하지 않는 메뉴도 많이 게재했는데 모두 맛있다. 꼭 도전해보기를 바란다.

CONTENTS

파스타가 더욱 맛있어지는 호텔 뉴오타니의 비법 ···································· 003
호텔 뉴오타니가 알려주는 파스타의 기초 ··· 008

PART 1 집에서 만드는 호텔 파스타 기본편
정말 맛있는 기본 파스타 & 소스

1	포모도로 파스타 & 소스 & 냉파스타 ·································	020
2	페페론치노 파스타 ···	030
3	볼로네제 파스타 & 소스 ···	034
4	카르보나라 ···	038
5	제노베제 파스타 & 소스 ···	042
6	나폴리탄 파스타 ···	046

PART 2 본고장의 맛에서부터 창작요리까지
셰프의 비법이 담긴 특별 파스타

7	페스카토레 파스타 ···	050
8	푸타네스카 파스타 ···	052
9	아마트리치아나 파스타 ···	054
10	새우 양송이버섯 크림 파스타 ···	056
11	토마토와 모차렐라 치즈를 넣은 카프레제 파스타 ·················	058
12	바지락 버터 간장 파스타 ···	060
13	새우와 참치, 푸른 차조기잎을 곁들인 파스타 ·······················	062
14	해산물 스파이시 파스타 '델 솔레' ···	064
15	어란 파스타 ···	066
16	바냐 카우다풍 채소 파스타 ···	068
17	염장 다시마 파스타 ···	070
18	새우 주키니 파스타 ···	072
19	양배추 꼴뚜기 파스타 ···	074
20	레몬 풍미를 낸 연어 시금치 크림 파스타 ·······························	076
21	모둠 조개 파스타 ···	078
22	성게 크림 파스타 ···	080
23	타임 향이 나는 흰살 생선 파스타 ···	082
24	해산물 볼로네제 파스타 ···	084
25	나이테 버섯 참치 파스타 ···	086

26	고르곤졸라 크림 파스타	088
27	새우, 말린 토마토, 양배추를 넣은 아히조풍 파스타	090
28	뿌리채소 카르보나라	092
29	게 아스파라거스 크림 파스타	094
30	삼겹살 양배추 토마토 파스타	096
31	토마토 베이컨 시금치 파스타	098
32	차조기잎과 우메보시를 넣은 일본식 제노베제 파스타	100
33	베이컨 붉은 차조기 후리카케 파스타	102
34	조개관자 경수채 파스타	104
35	카레 풍미를 낸 돼지고기 버섯 토마토 파스타	106
36	오징어 브로콜리 토마토 파스타	108
37	일본식 모둠 버섯 파스타	110
38	우르보나라 파스타	112
39	가니미소 파스타	114
40	문어, 올리브, 아스파라거스를 곁들인 파스타	116
41	간장 크림소스를 곁들인 구운 파스타	118
42	자장면풍 파스타	120
43	닭고기 레몬 크림 파스타	122
44	매콤한 베이컨 토마토 파스타	124
45	파에야풍 파스타	126
46	명란 카르보나라	128
47	라타투이 파스타	130
48	미트볼 파스타	132
49	소시지 브로콜리 파스타	134
50	향초 빵가루를 뿌린 정어리 토마토 파스타	136
51	유자후추로 풍미를 낸 돼지고기 여주 파스타	138
52	해산물 소금 파스타	140
53	굴소스로 버무린 파 생강 파스타	142
54	감자 안초비 문어 파스타	144
55	허브 향이 나는 돼지고기 단호박 두유 파스타	146
56	구운 가지 훈제 치킨 파스타	148
57	이쿠이피치풍 도미 수프 파스타	150
58	바지락 차우더 수프 파스타	152
59	옥수수 크림수프 파스타	154
60	파래 매실 수프 파스타	156
61	카레 수프 파스타	158

PART 3 어머니의 손맛에 셰프의 한 수를 더한

특별하고 새로운 가정식 파스타

62	오믈렛 나폴리탄 파스타	162
63	달걀을 넣은 일본식 페페론치노 수프 파스타	164
64	소고기 스키야키 파스타	166
65	닭고기와 날달걀을 곁들인 일본식 미트소스 파스타	168
66	파를 듬뿍 얹은 소 힘줄 조림 파스타	170
67	훈제 간장으로 풍미를 낸 카르보나라	172
68	안카케풍 파스타	174
69	멸치 파래 페페론치노 파스타	176
70	소고기 감자 조림 파스타	178
71	닭가슴살과 구운 파를 곁들인 간장 파스타	180
72	양배추 돼지고기 볶음 파스타	182
73	배추 햄 크림 파스타	184
74	와사비나 바질 파스타	186
75	멸치 갓 파스타	188
76	두부 된장 크림 파스타	190
77	김 경수채 파스타	192
78	달걀덮밥풍 파스타	194
79	드라이 카레 파스타	196
80	소바메시풍 파스타	198
81	참치 반숙 달걀 파스타	200

PART 4 따뜻한 파스타 그 이상의 즐거움!

새로운 맛의 세계, 차가운 파스타

82	셀러리를 곁들인 명란 냉파스타	204
83	채소 튀김 절임과 바지락을 곁들인 냉파스타	206
84	모로헤이야를 얹은 냉파스타	208
85	가스파초 냉파스타	210
86	연어 토마토 양파 냉파스타	212
87	복숭아 프루트 토마토 냉파스타	214
88	다크 체리 비트 냉파스타	216
89	참치와 아보카도를 넣은 하와이안 냉파스타	218

90	햄 레몬 냉파스타	220
91	냉카레 파스타	222
92	햄을 곁들인 냉카르보나라	224
93	채소 소스를 곁들인 가츠오타타키 냉파스타	226
94	돼지고기 양파 토마토 냉파스타	228
95	오크라와 멸치, 매실을 넣은 일본식 냉파스타	230
96	식초 젤리로 버무린 성게 김 콩 냉파스타	232
97	찍어 먹는 냉파스타	234
98	냉면풍 파스타	236
99	씨겨자로 풍미를 낸 프루트 토마토 딸기 냉파스타	238
100	가리비와 그레이프프루트를 넣은 칵테일풍 냉파스타	240

이 책에서 소개하는 '맛'을 즐길 수 있는 호텔 뉴오타니 레스토랑 가이드 ············ 242

이 책의 사용법

- 재료의 분량은 파스타는 1인분, 소스는 1인분 또는 만들기 쉬운 분량, 완성된 소스는 1인분이다.
- 소스나 면수에서 사용하는 90㎖는 일반 국자 1개 분량이다.
- 1큰술은 15㎖, 1작은술은 5㎖, 1컵은 200㎖이다.
- 채소류의 경우 특별한 언급이 없다면 씻어서 껍질을 벗기고 꼭지나 씨를 제거하는 등의 밑준비를 마친 이후의 과정을 설명하는 것이다.
- 새우, 게, 오징어의 경우 또한 껍질을 벗기고 내장이나 이물질을 제거하는 등의 밑준비를 마친 이후의 과정을 설명하는 것이다
- 바지락 등 조개류의 경우도 해감한 이후의 과정을 설명하는 것이다.

이 책의 호텔 정보는 2015년 3월 30일을 기준으로 한 것이며, 가격의 경우 세금 및 봉사료는 별도이다.

호텔 뉴오타니가 알려주는
파스타의 기초

PASTA

● 이 책에서는 모두 건면을 사용한다. 따뜻한 파스타는 1.6㎜ 또는 1.4㎜, 차가운 파스타는 1.4㎜ 또는 0.9㎜의 면을 소스에 따라 구별해서 사용한다.
● 제품에 따라 포장지에 표시된 삶는 시간이 다르다. 이에 맞춰 면을 삶되 표시된 시간보다 1~2분 정도 덜 삶도록 한다.

카펠리니
지름이 0.9㎜인 파스타면

스파게티니
지름이 1.6㎜인 파스타면

페델리니
지름이 1.4㎜인 파스타면

면 삶기

15분 전

냄비에 물을 가득 붓고 센 불에 가열한다.
물이 끓으면 소금을 넣는다.

8분 전

파스타면을 냄비에 넣는다.
타이머를 7분으로 설정한다.
면을 삶을 때 짠맛을 확실히 낸다.
6분이 지나면 면이 어느 정도 익었는지 확인한다.

면 삶기 완성

면이 약간 딱딱한 상태일 때 건져서 물기를 뺀다.
제품 포장지에 표시된 시간보다 1~2분 빨리!

소스 만들기

20분 전

소스는 거의 완성 단계까지 만들어둔다.
✤ 익숙해질 때까지는 면을 삶기 전에 소스를 만들어둔다.

오일소스의 경우

면이 다 삶아지기 2~3분 전에 조리를 시작한다.

올리브오일로 익힌 마늘과 고추는 잘 타므로 건져둔다.

2분 전

삶은 면의 잔열로 요리를 완성하는 경우, 소스를 미리 만들어 마무리용 볼 옆에 두거나 팬에 데워둔다.
빨리 완성되면 불에서 내린다.

맛있는 파스타의 법칙 1

효율적인 순서로 시간을 잘 배분하여 조리하기

맛있는 파스타를 만들려면 효율적인 순서대로 조리하는 것이 무엇보다 중요하다. 그래서 면을 삶기 시작한 후 소스 만들기, 마무리, 그릇에 담기까지 어떻게 시간 배분을 해야 하는지 사진을 통해 설명하고자 한다.
포모도로 파스타 p.24를 예로 들었으며, 파스타면은 80g 1인분, 소스는 1국자 90㎖를 사용한다.

❶ 파스타면을 소스에 넣는다.
이때 재가열 여부는 소스 레시피에 따라 다르다. 팬을 흔들면서 섞는다.

❷ 전체적으로 크게 섞고 맛을 본 후 소금으로 간한다. 짠맛이 부족하거나 소스가 부족해 면이 뻑뻑하다 싶으면 면수를 조금씩 넣어 조절한다.

❸ 30초 전, 접시에 담는다.

❹ 20초 전, 장식용 바질을 얹는다.

❺ 완성!

맛있는 파스타의 법칙 2

알 덴 테 를 염 두 에 두 고 면 삶 기

파스타는 '알덴테'가 철칙이라고 한다. 안덴테al dente는 이탈리아어로 씹는 맛이 느껴질 정도로 면을 설익혀 조리하는 것을 말한다. 즉, 식감을 살려 파스타면을 '약간 딱딱한' 정도로 삶는 것이 맛있는 파스타 만들기의 요령인 셈이다. 여기에서는 이 책에서 가장 많이 사용한 스파게티니1.6㎜ 파스타면 80g을 삶는 방법에 대해 설명한다.

1. 냄비에 물을 가득 넣고 센 불에 올린다.

　　물이 끓으면 소금을 넣고 중간 불로 줄인다.

　　면을 넣고 재빨리 섞는다.

주의할 점!
- 소금 간을 제대로 하지 않으면 맛이 밍밍해져버린다.
- 물이 펄펄 끓는 정도로 불의 세기를 조절한다.
- 물이 전체적으로 데워지기 때문에 삶는 동안 계속 젓지 않아도 된다.
- 면이 구부러지지 않고 완전히 푹 잠기도록 큰 냄비를 사용하는 것이 좋다.

+ 파스타면 80g에 물 1ℓ가 기준.
+ 소금은 물 양의 3%. 물 1ℓ에 소금 2큰술30g이 기준.
+ 삶는 양은 2인분까지. 그 이상의 양은 조리하기 어렵다.

2. 젓가락으로 집어서 먹어보고 익은 정도를 확인한다

삶은 시간 5분

아직 많이 딱딱하다. 소스에 넣어 익힐 수 도 있지만 조금 더 익히는 것이 좋다.

+주의 : 냉파스타의 경우
카펠리니 0.9mm 파스타는 3분
페델리니 1.4mm 파스타는 7분

삶은 시간 7분

약간 딱딱하지만 토마토소스나 오일소스 등 팬이나 냄비에서 다시 가열하는 소스에 넣어 조리하기에 알맞은 상태이다. 재가열 하면서 면에 소스를 흡수시켜 가장 적당한 식감으로 완성하기 위해 이 책에서는 7분 을 표준 시간으로 정했다.

삶은 시간 7분 30초~8분

알덴테에 가까운 상태이다. 삶은 후 찬물에 서 식히는 냉파스타나 재가열하지 않고 삶 은 면의 잔열로 소스를 완성하는 경우에 딱 알맞은 정도이다. 이 책에서는 제노베제 파 스타나 달걀을 사용한 소스 전반에서 적당 한 시간을 7분 30초로 정했다.

3. 삶은 후에는 물기를 뺀다

파스타면의 물기를 빼는 정도 또한 소스에 따라 다르다!

오일소스와 섞을 때

면수가 약간 남아 있는 상태로 넣는다.

토마토소스나 크림소스와 섞을 때

면수를 완전히 빼고 여분의 물기를 남기 지 않는다.

미리 만든 소스를 묽게 할 때

면수를 넣어 다시 가열한다.

면을 삶을 때 더 세심하게 주의해야 할 점
- 시간은 타이머를 설정하여 관리한다.
- 센 불에서 부글부글 끓이면 면이 불어 물이 넘칠 수 있으니 주의한다.
- 삶는 도중에 물은 더 넣지 않는다.
- 삶는 물에 소금 간을 하지만 소스와 섞은 후에도 짠맛을 조절한다.

맛있는 파스타의 법칙 3

그릇에 담은 모양의 중요성

맛은 물론이거니와, 담는 방법에 따라 느낌이 달라지는 것이 파스타다. 파스타면의 방향을 정돈하면서 소복하게 담아야 먹음직스럽다. 젓가락으로 면을 돌돌 만 후 그릇에 미끄러지듯이 떨어뜨리는 것이 예쁘게 담는 요령이다.

+ 사진에서는 끝이 가는 쇠젓가락을 사용했다.

❶ 볼 또는 팬을 기울이면서 면을 젓가락으로 돌돌 만다. 소스가 있는 경우에는 팬의 가운데에서 젓가락을 세운 채 돌돌 만다.

❷ 전체적으로 잘 감아졌으면 젓가락을 옆으로 눕혀 더 감는다.

❸ 젓가락에 감은 상태로 볼 또는 팬에서 그릇으로 미끄러지듯이 떨어뜨린다.

❹ 젓가락을 돌리면서 들어 올리고 모양을 잡는다.

❺ 면의 맨 윗부분을 누르면서 젓가락을 뺀다.

❻ 면의 맨 윗부분부터 소스를 붓는다.

TIPS!
- 젓가락에 감아 면을 볼록하게 담는 것이 어렵다면 젓가락 대신 그릇을 돌리면 된다.
- 면을 한 방향으로 감아야 예쁘게 담을 수 있다.

맛있는 파스타를 만들기 위한 재료

소스
소스는 90㎖, 즉 일반 국자 1개분을 기본으로 한다. 취향에 따라 소스를 많이 넣을 수도 있으므로 양은 조절할 것.

면수
꼭 사용해야 하는 경우에는 재료에 표기되어 있지만, 그 외에도 소스에 수분을 더하거나 짠맛을 살짝 조절하는 데 사용할 수 있도록 1/2컵 100㎖ 정도를 남겨둔다.

다시마차
맛을 보완하기 위해 분말 다시마차를 사용한다. 원하는 시판 제품을 사용하면 된다.

올리브오일
재료에는 그냥 '올리브오일'로 표기되어 있는데 모두 엑스트라버진 올리브오일을 사용했다. 마무리용 올리브오일은 반드시 엑스트라버진 올리브오일을 사용할 것.

토마토 통조림
어느 것을 사용해도 좋다. 하지만 좀 더 맛있는 파스타를 만들고 싶다면 플럼 토마토 중 으뜸으로 알려진 이탈리아산 산마르자노 토마토를 사용할 것을 권한다. 다이스 토마토라면 소스에 그대로 사용할 수 있다. 홀 토마토는 토마토의 꼭지와 심지를 제거하고 사용한다.

허브
이 책에서 허브는 월계수잎을 제외하고 모두 생허브를 사용했지만 말린 허브를 사용해도 괜찮다.

안초비
이 책에서는 필레(가시를 발라 낸 토막)를 사용했다. 병조림이나 통조림 등 원하는 제품을 사용하면 된다. 페이스트를 사용하는 경우에는 1작은술이 필레 1조각에 해당한다.

고추(홍고추)
매운맛을 낼 때 사용하는 홍고추는 씨를 제거한 것을 사용한다. 매운 음식을 잘 못 먹는 경우에는 고추가 익으면 꺼내둔다.

아몬드파우더
오일소스에 면수를 넣어 유화시킬 때, 아몬드파우더를 뿌리면 유화시키기 쉽다.

후추
이 책에서는 흰 후추와 검은 후추를 구별해서 사용한다. 재료에 '후추'라고 표기된 경우에는 흰 후추를 사용하면 된다.

버터
기본적으로 무염버터를 사용한다. 가염버터를 사용하는 경우에는 소스의 짠맛을 적절히 조절한다.

치킨 스톡 / 맛국물 / 멘츠유
고형 또는 과립형, 액체나 농축액 등 원하는 시판 제품을 사용한다.

생크림
특별히 표기되어 있지 않다면 유지방분 30% 이상인 것을 사용한다.

PART 01

집에서 만드는 호텔 파스타 기본편

정말 맛있는 기본 파스타 & 소스

POMODORO SAUCE

정말 맛있는 기본 파스타 & 소스

1-1

포모도로 소스

POMODORO SAUCE

재료(6인분)

- 마늘 1쪽 10g – 다지기
- 양파 1/4개 50g – 다지기
- 당근 1/8개 20g – 다지기
- 셀러리 3cm 정도 10g – 다지기
- 홀 토마토 통조림 1캔 400g
- 바질 2~3장
- 월계수잎 1장
- 설탕 적당량
- 올리브오일 2큰술

HOW TO MAKE

1. 냄비에 올리브오일을 두르고 마늘을 넣어 약한 불에서 타지 않도록 가볍게 볶는다.
2. 마늘 향이 나면 다진 채소를 전부 넣고 약한 불에서 볶는다. 채소는 단맛을 내기 위한 것이기 때문에 여러 번 휘젓지 않도록 한다.
3. 토마토를 손으로 으깨어 2에 넣는다. 월계수잎과 잘게 찢은 바질도 넣고 약한 불에서 15~20분간 끓인다.
4. 수분이 날아가고 걸쭉하게 졸아들면 맛을 본다. 신맛이 강하면 설탕을 넣고 불을 꺼서 한 김 식힌다. 원하는 소스 상태로 완성시킨다.

TIPS!

- 홀 토마토를 사용하는 경우에는 미리 꼭지나 심지를 제거해둔다. 다이스 토마토인 경우에는 그대로 사용하면 된다.
- 토마토 통조림은 이탈리아의 산마르자노를 권한다.
- 생바질이 없는 경우에는 말린 바질도 괜찮다. 월계수잎은 반드시 넣는다.
- 포모도로에 오레가노를 넣으면 피자소스나 해산물소스에 잘 어울리는 맛이 된다.

가장 기본인 포모도로토마토 소스는 다양한 요리에 응용할 수 있다.
여기에서는 식감에 변화를 준 세 가지 종류의 소스를 소개한다.
소금 간은 하지 않거나 줄이고, 면을 넣어 마무리할 때 소금이나 올리브오일로 간을 맞추도록 한다.

POMODORO SAUCE

1

2

3-1

3-2

4

POMODORO SAUCE

원하는 소스를 골라보자!

채소의 식감이 남는 소스

채소의 식감이 확실히 느껴지는 소스를 원한다면, 완성된 소스와 면을 섞은 후에 맛을 보고 취향대로 소금과 검은 후추로 간하면 된다. 토마토의 신맛이 강하게 느껴진다면 설탕을 1꼬집 넣어 신맛을 완화시킨다.

부드러운 본고장식 소스

채소의 식감도 있으면서 좀 더 부드러운 소스를 원한다면, 만드는 과정 3에서 소스를 끓인 후 파사베르두라(채소 으깨기 도구)를 이용하여 내용물을 으깬 다음, 다시 팬에 넣어 끓인다. 파사베르두라를 사용하면 채소가 적당히 으깨져서 맛있는 이탈리아 본고장의 맛을 얻을 수 있다.

단맛이 있는 부드러운 퓌레 소스

채소의 감칠맛이 녹아든 퓌레 소스를 원한다면 완성된 소스를 믹서에 넣어 가볍게 갈아 부드러운 퓌레 상태로 만든다. 소스가 주황색으로 변하면 완성되었다는 표시이다. 이 소스를 냉동해두면 다양하게 활용할 수 있다.

+파사베르두라를 사용할 때 월계수잎은 꺼낸다.

POMODORO PASTA

정말 맛있는 기본 파스타
1-2

포모도로 파스타

POMODORO PASTA

재료(1인분)

- 스파게티니 1.6㎜ 파스타면 80g
- 토마토소스 p. 20 90㎖ 1국자분
- 방울토마토 3개 – 2등분하기
- 바질 1~2장
- 엑스트라버진 올리브오일 1큰술
- 다진 마늘 1/2작은술
- 소금 약간
- 장식용 바질 2~3장

면 삶기

- 삶는 시간 7분
- 냄비에 물 1ℓ를 붓고, 물 양의 3% 정도의 소금을 넣어 약 2큰술 면을 삶는다. 7분이 지나면 건져서 물기를 뺀다.

호텔 뉴오타니 제공점

- **RESTAURANT** 벨라 비스타
  신선한 토마토 파스타 클래식 스타일 2,500엔

HOW TO MAKE

1. 팬에 올리브오일과 마늘을 넣고 약한 불에 올린다.
2. 마늘 향이 나면 방울토마토를 넣고 볶는다. 마늘이 타지 않도록 주의한다.
3. 토마토의 껍질이 터져서 으깨지면 토마토소스를 넣고 섞은 후, 불을 끈다.
4. 바질 1~2장을 잘게 찢어 넣는다. 바질은 색이 잘 변하기 때문에 불을 끄고 나서 넣는다. 넣는 양은 취향에 따라 조절한다.
5. 삶은 파스타면을 4에 넣어 섞는다. 면이 적당히 익고 소스를 잘 흡수했으면 소금과 엑스트라버진 올리브오일 1큰술 정도 분량 외를 넣어 간한 다음, 그릇에 담고 장식용 바질을 곁들인다.
   ✤ 면이 딱딱하면 면수 분량 외를 적당량 넣어 소스의 수분을 보충하면서 좀 더 섞는다.

TIPS!

- 면이 다 삶아지는 시간에 맞추어 재빨리 조리해야 하기 때문에 미리 올리브오일에 다진 마늘을 담가 갈릭오일을 만들어두면 편하다. 갈릭 오일은 마늘 전체가 푹 잠기도록 올리브오일을 많이 넣어두면 보관이 쉽다. 비율은 마늘 1쪽에 올리브오일 1큰술이 기준이다.

감칠맛 나는 퓌레 소스에 신선한 방울토마토의 산뜻한 신맛과 단맛을 더했다.
진정한 토마토의 감칠맛을 느낄 수 있는 파스타이다.

POMODORO COLD PASTA

정말 맛있는 기본 파스타
1-3

포모도로 냉파스타

POMODORO COLD PASTA

면 재료(1인분)

- 페델리니 1.4㎜ 파스타면 80g

  A
  - 다진 양파 1큰술
  - 소금 1/2작은술
  - 엑스트라버진 올리브오일 1큰술

소스 재료(2인분)

- 토마토중 2개 – 씨를 제거하고 큼직하게 썰기

  B
  - 다진 마늘 1/2작은술
  - 양파 1개 200g – 다지기
  - 발사믹식초 1큰술
  - 바질 2~3장 – 잘게 찢기
  - 엑스트라버진 올리브오일 2큰술
- 소금 1/2작은술
- 장식용 바질 2장

호텔 뉴오타니 제공점

- **COFFEE SHOP** SATSUKI 도쿄·오사카점
  여름 한정으로 제공

HOW TO MAKE

면 삶기 & 조리

1. 냄비에 물 1ℓ를 붓고, 물 양의 3% 정도의 소금을 넣어 약 2큰술 7분 동안 면을 삶는다. 면이 소스를 흡수하는 것을 염두에 두어 알덴테보다 약간 덜 익은 정도로 삶아야 한다.
2. 7분이 지나면 건져서 찬물에 헹구고, 키친타월에 싸서 물기를 꼭 짠다.
3. 차갑게 식힌 볼에 물기를 뺀 면을 넣고 A를 넣어 섞는다.
4. 젓가락으로 감아 그릇에 담는다. 감은 면의 모양이 흐트러지지 않도록 손으로 잡으면서 그릇에 담는다.

소스 만들기 & 완성

5. 토마토는 그릇에 넣고 전체적으로 소금분량 외을 뿌려 냉장고에서 하룻밤 숙성시킨다. 소금을 뿌려 숙성시키면 토마토의 수분이 날아가 맛이 응축된다.
6. 토마토를 키친타월로 닦아 남은 수분을 모두 제거하고 볼에 넣은 다음, B를 넣고 전체적으로 섞는다.
7. 맛을 보고 싱거우면 엑스트라버진 올리브오일분량 외, 소금을 넣는다. 냉장고에서 잘 식혀둔다. 식히는 동안 생긴 수분은 따라낸다.
8. 그릇에 담아둔 파스타면에 7을 붓는다. 바질을 얹어 장식한다.

완숙 토마토의 신맛, 단맛 그리고 상큼함을 고스란히 맛볼 수 있는 차가운 파스타이다.
열을 가하지 않기 때문에 토마토의 맛 자체가 파스타의 맛을 좌우한다.

POMODORO COLD PASTA

1

2-1

2-2

3

4-1

4-2

POMODORO COLD PASTA

6

7

8

TIPS!

- 소스에 열을 가하지 않기 때문에 토마토는 완전히 익은 것을 사용한다. 당도가 높은 방울토마토나 프루트 토마토 등의 품종이 좋다.
- 당도가 높은 토마토는 식초로 맛을 조절한다. 레드 와인식초나 화이트와인식초도 좋지만 이 레시피에는 말사믹식초를 권한다.
- 곁들이는 잎은 바질 대신 민트를 써도 괜찮다. 산뜻한 향이 토마토의 신맛과 잘 어울린다.

PEPERONCINO PASTA

정말 맛있는 기본 파스타 & 소스
2

페페론치노 파스타

PEPERONCINO PASTA

재료(1인분)

- 스파게티니 1.6㎜ 파스타면 80g
- 올리브오일 2큰술
- 마늘 슬라이스 1쪽분 10g
- 고추 1개
- 면수 90㎖
- 다시마차 1작은술
- 소금 약간
- 엑스트라버진 올리브오일 약간
- 다진 파슬리 약간

면 삶기

- 삶는 시간 7분
- 냄비에 물 1ℓ를 붓고, 물 양의 3% 정도의 소금을 넣어 약 2큰술 면을 삶는다. 7분이 지나면 건져서 물기를 뺀다. 면수 90㎖ 1국자분를 덜어둔다.

HOW TO MAKE

1. 팬에 올리브오일, 마늘 슬라이스와 고추를 넣고 약한 불에서 익힌다.
    - 마늘은 1쪽을 10조각 정도로 두께를 균등하게 아주 얇게 써는 것이 포인트이다.
2. 마늘이 옅은 갈색이 되면 고추와 함께 꺼낸다.
    - 마늘과 고추는 너무 타면 쓴맛이 나므로 색이 나면 바로 꺼낸다.
3. 올리브오일이 남은 2의 팬에 면수와 다시마차를 넣고 약한 불에 졸인다.
    - 팬을 흔들면서 졸이면 수분이 날아가 전체적으로 뽀얗게 된다. 이것이 유화된 상태이다.
4. 3에 삶은 면을 넣고 섞으면서 면의 익은 정도를 조절한다. 소스가 너무 졸아들거나 면이 너무 딱딱하면 면 수분량 외를 1큰술 정도씩 넣으면서 조절하면 된다.
5. 면이 적당히 익으면 맛을 보고 소금과 엑스트라버진 올리브오일로 간한다. 파슬리를 뿌리고 그릇에 담는다. 2의 마늘과 고추를 곁들인다.

만드는 방법은 매우 간단하다. 하지만 심플한 만큼 맛있게 만들기가 어려운 파스타 중 하나다.
페페론치노 파스타를 마스터 할 수 있으면 오일 파스타는 이제 걱정 없다.

PEPERONCINO PASTA

1

2

3-1

3-2

PEPERONCINO PASTA

4

5

+면에 흡수되고 남은 소스의 양은 이 정도가 좋다. 소스는 너무 많지도, 너무 적지도 않아야 이상적이다.

BOLOGNESE PASTA & SAUCE

정말 맛있는 기본 파스타 & 소스
3

볼로네제 파스타 & 소스

BOLOGNESE SAUCE

소스 재료(8~10인분)

- 다진 고기 300g
- 마늘 1쪽 10g – 다지기
- 양파 1/2개 100g – 다지기
- 당근 1/4개 40g – 다지기
- 셀러리 9cm 정도 30g – 다지기
- 레드와인 1컵
- 토마토 통조림홀 또는 다이스 2캔 800g
- 월계수잎 1장
- 허브 로즈마리, 세이지 등 적당량 – 다지기
- 너트메그 약간
  - ❖ 너트메그는 단맛과 약간의 쓴맛이 나는 향신료이다.
- 소금 1작은술
- 검은 후추 적당량
- 올리브오일 적당량

HOW TO MAKE

1. 냄비에 올리브오일, 다진 마늘을 넣고 약한 불에 올려 마늘 향이 나면 양파, 당근, 셀러리를 넣고 볶는다.
   - ❖ 채소를 잘못 볶으면 싱거워지므로 너무 휘젓지 말고 뭉근히 볶아 단맛을 낸다.
2. 다른 팬에 다진 고기를 넣고 센 불에서 익혀 색을 낸다. 팬에 닿은 면이 익으면 소금과 검은 후추를 뿌린다. 검은 후추는 많이 뿌린다.
   - ❖ 기름은 두르지 않는다. 고기의 기름으로 익히기 때문에 처음에는 그대로 둔다. 가끔 팬을 흔드는 정도가 좋다.
3. 고기가 어느 정도 익으면 센 불 상태에서 레드와인을 넣어 양이 반으로 졸아들 때까지 끓인다. 그동안 1의 채소는 약한 불에서 계속 볶는다.
   - ❖ 끓일 때 생기는 거품도 감칠맛을 내므로 걷어내지 않고 그대로 끓인다.
4. 3을 1에 넣고 토마토 통조림을 넣어 섞는다.
5. 4에 월계수잎, 허브, 너트메그를 넣고 약한 불에서 20분 정도 끓인다.
   - ❖ 너트메그는 고기와 잘 어울리기 때문에 되도록 넣는 것이 좋다.
6. 토마토의 신맛이 줄어들고 양이 2/3 정도로 졸아들면 맛을 보고 소금, 검은 후추로 간한다.

미트소스보다 고기가 더 많이 들어간 것이 볼로네제 소스다.
채소와 고기는 다른 팬에서 볶아 각각의 맛을 확실히 내는 것이 포인트이다.
고기의 담백한 맛과 채소의 단맛, 토마토의 상큼한 맛을 모두 즐길 수 있다.

BOLOGNESE PASTA

파스타 재료(1인분)

- 스파게티니 1.6㎜ 파스타면 80g
- 볼로네제 소스 90㎖ 1국자분
- 소금 약간
- 검은 후추 약간
- 무염버터 1/2큰술
- 다진 파슬리 약간
- 파르메산 치즈 가루 적당량

호텔 뉴오타니 제공점

- **RESTAURANT** 벨라 비스타
  감칠맛 풍부한 옛날식 볼로네제 3,200엔
- **COFFEE SHOP** SATSUKI
  미트소스 파스타 1,800엔

면 삶기

- 삶는 시간 7분
- 냄비에 물 1ℓ를 붓고, 물 양의 3% 정도의 소금을 넣어 약 2큰술 면을 삶는다. 7분이 지나면 건져서 물기를 뺀다.

HOW TO MAKE

7 팬에 소스를 넣고 가열한 다음, 삶은 면을 넣고 섞으면서 면의 익은 정도를 조절한다.
   ⁕ 소스가 너무 되직하면 면수(분량 외)를 넣어 묽게 만든다.

8 면이 적당히 익으면 불을 끄고 소금, 검은 후추, 버터를 넣어 간한 후 그릇에 담는다.

9 파슬리를 뿌리고 파르메산 치즈를 곁들인다.

TIPS!

- 볼로네제 소스는 토마토가 많으면 산뜻하고 가벼운 맛이 되고 고기가 많으면 고기 맛이 돋보이는 맛이 된다. 토마토와 고기 양은 원하는 대로 조절한다.
- 완성된 소스는 하룻밤 숙성시키면 감칠맛이 배어 더 맛있어진다.
- 완성된 소스에 시판 퐁드보 육수(소고기에 채소와 허브 등을 넣고 우려낸 프랑스식 육수) 1컵을 넣으면 맛이 더 진해진다.
- 시판 미트소스를 섞어 만들어도 맛있다. 이 경우 만드는 과정 2~3과 같은 방식으로 고기를 볶다가 레드와인을 넣어 졸인 후, 시판 제품을 섞으면 된다.

BOLOGNESE PASTA & SAUCE

CARBONARA

정말 맛있는 기본 파스타 & 소스
4

카르보나라

CARBONARA

재료(1인분)

- 스파게티니 1.6㎜ 파스타면 80g
- A
  - 달걀노른자대 2개
  - 생크림 1/2컵
  - 파르메산 치즈 가루 1줌
  - 다시마차 1작은술
- 올리브오일 1/2작은술
- 베이컨 또는 판체타 30g – 5㎜ 크기로 썰기
  - ✥ 판체타는 돼지고기를 염장하고 향신료로 풍미를 더한 후 바람에 말려 숙성시킨 이탈리아식 베이컨이다.
- 다진 마늘 1/3작은술
- 화이트와인 1큰술
- 소금 적당량
- 파르메산 치즈 가루 5g
- 검은 후추 적당량

면 삶기

- 삶는 시간 7분 30초
- 냄비에 물 1ℓ를 붓고, 물 양의 3% 정도의 소금을 넣어 약 2큰술 면을 삶는다. 7분 30초가 지나면 건져서 물기를 뺀다.

HOW TO MAKE

1 볼에 A를 넣고 거품기로 잘 섞어둔다.
2 팬에 올리브오일과 베이컨을 넣고, 약한 불에 올려 베이컨 기름을 걷어내면서 바삭해질 때까지 볶는다.
3 베이컨 크기가 1/2 정도로 줄어들고 바삭해지면 다진 마늘과 화이트와인을 넣고 섞는다.
4 1을 넣고 최대한 약한 불로 줄여 고무주걱으로 계속 저으면서 끓인다. 약간 걸쭉해지면 불을 끈다.
  ✥ 약간 걸쭉하다는 것은 고무주걱 자국이 날 정도를 말한다. 소스를 너무 많이 끓여서 뻑뻑해지지 않도록 가끔 불에서 내려 섞는다.
5 4에 삶은 파스타면을 넣고 불을 끈 상태에서 소금과 파르메산 치즈를 넣어 간한다.
  ✥ 마지막에 넣는 파르메산 치즈는 향과 감칠맛을 늘리고 소스를 걸쭉하게 만들기 위해 넣는 것이다. 양은 취향대로 조절한다.
6 그릇에 담고 검은 후추를 뿌린다.

TIPS!

- 면을 팬에 넣은 후에는 불을 가하지 않고 잔열로 완성할 것.
- 생크림은 유지방분 35%~45%인 것을 사용하면 감칠맛이 나 좋다.
- 다시마차는 맛을 부양하기 위한 것이다. 없어도 된다.

호텔 파스타의 맛을 집에서 재현하는 데에는 바로 소스를 데우는 법에 달려 있다.
이 비법을 따라 걸쭉하고 진한 소스를 완성해보자.

CARBONARA

실패하지 않는 카르보나라 소스 만드는 법

만드는 과정 4 대신, 1의 볼에 3의 팬 내용물을 넣어 볼을 중탕하면서 섞는다. 걸쭉해지면 삶은 면을 넣어 섞고 농도를 조절한 후 불에서 내려 소금과 파르메산 치즈로 간한다. 팬에서 끓이는 것보다 볼을 중탕하는 편이 실패할 확률이 적다.

1

2

3

4

CARBONARA

4-2

5-1

5-2

6

GENOVESE PASTA & SAUCE

정말 맛있는 기본 파스타 & 소스
5

제노베제 파스타 & 소스

GENOVESE SAUCE

소스 재료(4인분)

- 바질 100g
- 잣 30g - 볶기
- 마늘 1쪽 10g
- 엑스트라버진 올리브오일 150~200㎖
- 파르메산 치즈 가루 30g

HOW TO MAKE

1. 믹서에 바질의 1/3, 잣, 마늘, 파르메산 치즈를 넣어 간다. 이때 한 번에 모두 섞지 말고 세 번에 나누어 섞는다.
2. 1에 엑스트라버진 올리브오일 50㎖를 넣고 페이스트 상태가 될 때까지 더 갈아준다.
   - ✤ 올리브오일이 너무 많으면 페이스트 상태가 되지 않는다. 재료 전체가 섞일 수 있는 정도로 찰랑찰랑한 양을 넣는 것이 요령이다.
3. 2에 남은 바질의 반과 엑스트라버진 올리브오일 50㎖를 넣고 다시 믹서를 돌려 갈아준다.
4. 3에 남은 바질과 엑스트라버진 올리브오일 50㎖ 정도를 넣고 믹서를 돌려 간다. 상태를 보고 소스가 뻑뻑하다 싶으면 올리브오일을 더 넣는다.

TIPS!

- 바질은 산화되어 색이 변하기 쉽고 소금을 넣으면 바질에서 수분이 나와 잘 상하기 때문에 어떤 조미도 하지 않는다. 이 상태로 완성이다. 산화를 방지하기 위해 공기와의 접촉을 차단해야 한다. 랩으로 잘 덮어 냉장고에 보관한다.

시판 제품도 많지만 신선한 바질 향과 맛을 원한다면 수제 소스를 이용하는 것이 가장 좋다.

GENOVESE PASTA

파스타 재료(1인분)

- 스파게티니 1.6㎜ 파스타면 80g
- 소금 약간
- 제노베제 소스 1~2큰술
- 검은 후추 약간
- 파르메산 치즈 가루 1큰술
- 볶은 잣 1작은술

면 삶기

- 삶는 시간 7분 30초
- 냄비에 물 1ℓ를 붓고, 물 양의 3% 정도의 소금을 넣어 약 2큰술 면을 삶는다. 7분 30초 지나면 건져서 물기를 뺀다.

HOW TO MAKE

5 삶은 파스타면을 볼에 넣고 소금을 뿌린다. 제노베제 소스를 넣어 섞는다.
   ✥ 이때 삶은 감자나 강낭콩을 넣어도 맛있다.
6 소금과 검은 후추로 간한다.
   ✥ 소스에 간하지 않았기 때문에 이 시점에서 간하는 것이다.
7 그릇에 담고 잣과 파르메산 치즈를 뿌린다.

TIPS!

- 제노베제 소스는 열을 가하면 변색되므로 면을 알덴테 직전까지 삶아 잔열로 마무리한다.
- 잣 대신 아몬드나 호두, 마카다미아 너트 등을 넣어도 맛있다.

1

2

GENOVESE PASTA & SAUCE

NAPOLITAN PASTA

정말 맛있는 기본 파스타 & 소스
6

나폴리탄 파스타

NAPOLITAN PASTA

재료(1인분)

- 스파게티니 1.6mm 파스타면 80g
- 샐러드오일 1큰술
  - ✣ 샐러드오일은 샐러드드레싱을 만드는 데 쓰는 고급 식용유로, 일반 식물성 기름보다 더 정제된 오일이다.
- 양파 슬라이스 1/4개분 50g
- 양송이버섯 슬라이스 1개분
- 햄 30g – 5mm 크기로 썰기
- 피망 1개 20g – 5mm 폭으로 썰기
- 토마토케첩 90㎖ 1국자분
- 무염버터 1작은술
- 우스터간장 우스터소스와 간장을 동일한 비율로 섞은 것 1큰술
- 다진 파슬리 약간
- 파르메산 치즈 가루 1줌

면 삶기

- 삶는 시간 7분
- 냄비에 물 1ℓ를 붓고, 물 양의 3% 정도의 소금을 넣어 약 2큰술 면을 삶는다. 7분이 지나면 건져서 물기를 뺀다.

HOW TO MAKE

1. 팬을 중간 불에 올려 샐러드오일을 두르고 양파를 넣어 볶는다. 양파가 익으면 양송이버섯, 햄을 넣고 더 볶는다.
2. 1에 토마토케첩을 넣어 섞은 후 가볍게 졸여 수분을 날린다.
3. 불을 약하게 줄이고 삶은 파스타면과 피망을 넣어 전체적으로 섞는다. 버터와 우스터간장을 넣어 간한다.
4. 그릇에 담고 취향대로 파슬리와 파르메산 치즈를 뿌린다.

TIPS!

- 검은 후추를 뿌리고 반숙 달걀을 곁들여도 맛있다.

호텔 뉴오타니 제공점

- **COFFEE SHOP** SATSUKI
  반숙 달걀을 곁들인 나폴리탄 파스타 철판구이 2,000엔

호텔 뉴오타니의 커피숍 'SATSUKI'의 인기 메뉴이다.
토마토케첩의 향이 식욕을 자극한다.

PART 02

본고장의 맛에서부터 창작요리까지

셰프의 비법이 담긴
특별 파스타

PESCATORE PASTA

셰프의 비법이 담긴 특별 파스타
7

페스카토레 파스타

PESCATORE PASTA

재료(1인분)

- 스파게티니 1.6㎜ 파스타면 80g
- 바지락 5~6개 – 해감하기
- 가리비 1개
- 새우소 2~3마리
- 오징어 적당량
- 올리브오일 1큰술
- 다진 마늘 1/2작은술
- 화이트와인 1큰술
- 토마토소스 p.20 90㎖ 1국자분
- 바질 2~3장 – 찢기
- 면수 적당량
- 소금 약간
- 엑스트라버진 올리브오일 약간
- 다진 파슬리 적당량

면 삶기

- 삶는 시간 7분
- 냄비에 물 1ℓ를 붓고, 물 양의 3% 정도의 소금을 넣어 약 2큰술 면을 삶는다. 7분이 지나면 건져서 물기를 뺀다. 면수를 적당량 덜어둔다.

HOW TO MAKE

1. 팬을 약한 불에 올려 달구고 올리브오일과 마늘을 넣어 향이 나면 바지락 등 어패류를 모두 넣고 중간 불에서 볶는다.
2. 1이 익으면 화이트와인을 넣고 알코올을 날린 후, 토마토소스, 바질을 넣는다. 어패류는 일단 건져낸다.
3. 2에 삶은 면을 넣고 면의 익은 정도를 조절하면서 약한 불에서 섞는다. 소스가 뻑뻑하면 면수를 넣어 묽게 만든다.
4. 면이 적당히 익으면 소금, 엑스트라버진 올리브오일로 간하고 불을 끈다. 2에서 건져낸 어패류를 다시 넣어 잔열로 데운다.
5. 그릇에 담고 파슬리를 뿌린다.

호텔 뉴오타니 제공점

- **RESTAURANT** 벨라 비스타
  전복 게 새우 파스타 3,800엔
- **COFFEE SHOP** SATSUKI
  토마토 해산물 파스타 2,400엔
- **BAR** 카프리
  페스카토레 파스타 2,600엔

'페스카토레 pescatore'는 어부라는 뜻이다.
해산물을 토마토소스로 버무린 기본적인 파스타이지만,
오랜 노하우로 새롭게 탄생한 평범하면서도 특별한 맛을 만나보자.

PUTTANESCA PASTA

셰프의 비법이 담긴 특별 파스타
8

푸타네스카 파스타

PUTTANESCA PASTA

소스 재료(4인분)

- 마늘 1쪽 10g - 다지기
- 고추 1개 - 통썰기

  A
  - 안초비 필레 1조각 10g - 다지기
  - 케이퍼 15g
  - 블랙 올리브 50g - 씨를 제거하고 4등분 하기

  B
  - 홀 토마토 통조림 1캔 400g
  - 월계수잎 1장
- 소금 1작은술
- 검은 후추 약간
- 올리브오일 적당량

향초 빵가루 재료(만들기 쉬운 분량)

- 빵가루 1줌
- 원하는 허브 로즈마리, 타임, 파슬리 등 약간씩
- 엑스트라버진 올리브오일 1작은술

파스타 재료(1인분)

- 스파게티니 1.6mm 파스타면 80g
- 소스 90㎖ 1국자분
- 소금 약간
- 향초 빵가루 적당량

면 삶기

- 삶는 시간 7분 30초
- 냄비에 물 1ℓ를 붓고, 물 양의 3% 정도의 소금을 넣어 약 2큰술 면을 삶는다. 7분 30초가 지나면 건져서 물기를 뺀다.

HOW TO MAKE

1 먼저 소스를 만든다. 냄비를 약한 불에 올려 올리브 오일과 마늘, 고추를 넣고 향이 나면 A를 넣어 가볍게 볶다가 B를 넣고 15분 정도 끓인다. 소금, 검은 후추로 간한다.
2 1을 끓이는 동안 향초 빵가루를 만든다. 재료를 모두 팬에 넣고 볶는다.
3 다른 팬에 삶은 파스타와 1의 소스 1국자를 넣고 약한 불에서 재빨리 섞다가 소금으로 간한다.
4 그릇에 담고 향초 빵가루를 적당량 뿌린다.

TIPS!

- 향초 빵가루는 정어리 토마토 파스타 p.136 에도 사용한다.
- 이 소스에 참치를 넣으면 이탈리아식 토마토소스인 마리나라 소스가 된다. 파스타나 생선 요리 소스로 그만이다.

'푸타네스카'는 '창녀'라는 의미이다. 그녀들이 밤에 간단하게 만들어 먹던 요리란 데서 유래했다는 설이 있다. 이외에도 유래에 관해서는 여러 가지 이야기가 있는데, 유래는 저마다 다르더라도 볶은 빵가루를 뿌리는 것은 어디나 기본이다.

AMATRICIANA PASTA

셰프의 비법이 담긴 특별 파스타
9

아마트리치아나 파스타

AMATRICIANA PASTA

소스 재료(약 5~6인분)

- 마늘 10g - 다지기
- 고추 1개 - 통썰기
- 베이컨 또는 판체타 200g - 5mm 크기로 썰기
- 양파 슬라이스 1/2개분 100g
- A
  - 토마토 통조림 1캔 400g
  - 화이트와인 50mℓ
- 소금 1작은술
- 설탕 약간

파스타 재료(1인분)

- 스파게티니 1.6mm 파스타면 80g
- 소스 90mℓ 1국자분
- 파르메산 치즈 가루 적당량

면 삶기

- 삶는 시간 7분
- 냄비에 물 1ℓ를 붓고, 물 양의 3% 정도의 소금을 넣어 약 2큰술 면을 삶는다. 7분이 지나면 건져서 물기를 뺀다.

HOW TO MAKE

1. 팬에 베이컨 또는 판체타를 넣고 노릇한 색이 돌 때까지 약한 불에서 볶는다. 색이 나면 일단 꺼낸다.
2. 베이컨에서 나온 기름에 마늘과 고추를 넣어 약한 불에 익히고, 향이 나면 양파 슬라이스를 넣어 중간 불에서 볶는다.
3. 양파가 익으면 1에서 꺼낸 베이컨 또는 판체타, 그리고 A를 넣고 전체적으로 양이 2/3 정도로 졸아들 때까지 걸쭉해지게 끓인다. 걸쭉해지면 소금과 설탕으로 간하여 소스를 완성한다.
4. 3의 소스 1국자를 다른 팬에 넣어 약한 불에 올리고, 삶은 파스타면을 넣어 섞는다.
5. 면이 적당히 익으면 그릇에 담는다. 취향대로 파르메산 치즈를 뿌린다.

TIPS!

- 소스는 볶은 양파와 설탕으로 약간 달게 완성할 것! 베이컨 또는 판체타나 치즈의 짠맛과 잘 어울릴 수 있도록 만들어보자.

베이컨이나 판체타, 파르메산 치즈의 짠맛과 소스의 단맛이 절묘한 밸런스를 이룬다.
맛이 그야말로 일품이다.

SHRIMP AND MUSHROOM PASTA

셰프의 비법이 담긴 특별 파스타
10

새우 양송이버섯 크림 파스타

SHRIMP AND MUSHROOM PASTA

재료(1인분)

- 스파게티니 1.6㎜ 파스타면 80g
- 새우소 5~6마리 – 소금과 후추로 밑간하기
- 올리브오일 1큰술
- 다진 마늘 약간
- 양송이버섯 슬라이스 2개분
- 브랜디 1큰술

  A
  - 토마토소스 p.20 1큰술
  - 생크림 50~60㎖

  B
  - 무염버터 1작은술
  - 우스터소스 약간
  - 파르메산 치즈 가루 적당량
- 다진 파슬리 약간
- 검은 후추 약간
- 파르메산 치즈 가루 적당량

면 삶기

- 삶는 시간 7분
- 냄비에 물 1ℓ를 붓고, 물 양의 3% 정도의 소금을 넣어 약 2큰술 면을 삶는다. 7분이 지나면 건져서 물기를 뺀다. 면수를 적당량 덜어둔다.

HOW TO MAKE

1. 팬에 올리브오일, 마늘을 넣고 약한 불에 올리고, 향이 나면 새우와 양송이버섯을 넣어 볶다가 브랜디를 넣어 맛을 낸다.
2. 1에 A를 넣고 한소끔 끓인다. 새우를 일단 꺼낸다.
3. 2에 삶은 파스타면을 넣고 약한 불에서 익은 정도를 조절하면서 섞는다. 면이 딱딱하면 면수분량 외를 적당량 넣는다.
4. 면이 적당히 익으면 꺼내어둔 새우를 다시 넣고 B를 넣어 간한다.
5. 그릇에 담고 파슬리와 검은 후추, 파르메산 치즈를 뿌린다.

토마토소스에 생크림을 넣어 부드러운 맛으로 만든 인기 만점 파스타.
새우는 브랜디를 넣어 감칠맛을 낸다.

CAPRESE PASTA

셰프의 비법이 담긴 특별 파스타
11

토마토와 모차렐라 치즈를 넣은 카프레제 파스타

CAPRESE PASTA

재료(1인분)

- 스파게티니 1.6㎜ 파스타면 80g
- 다진 마늘 1/2작은술
- 올리브오일 1큰술
- 토마토소스 p.20 90㎖ 1국자분
- 바질 2~3장 - 잘게 찢기
- 소금 약간
- 모차렐라 치즈 30~40g - 2㎝ 크기로 깍둑 썰기

면 삶기

- 삶는 시간 7분
- 냄비에 물 1ℓ를 붓고, 물 양의 3% 정도의 소금을 넣어 약 2큰술 면을 삶는다. 7분이 지나면 건져서 물기를 뺀다.

HOW TO MAKE

1 팬에 올리브오일과 마늘을 넣어 약한 불에 올리고, 향이 나면 토마토소스와 바질을 넣는다.
2 1에 삶은 파스타면을 넣고 약한 불에서 섞는다.
3 면이 적당히 익으면 소금으로 간하고 불을 끈다. 모차렐라 치즈를 넣고 섞어 남은 열로 치즈를 살짝 녹이고, 그릇에 담는다.

TIPS!

- 완성된 접시에 제노베제 소스 p.42를 뿌려도 맛있다.

토마토소스와 모차렐라 치즈, 바질이 만들어낸 이탈리안 컬러가 돋보인다.
컬러만큼이나 화려한 본고장의 맛을 느낄 수 있다.

MANILA CLAM PASTA

셰프의 비법이 담긴 특별 파스타
12

바지락 버터 간장 파스타

MANILA CLAM PASTA

재료(1인분)

- 스파게티니 1.6㎜ 파스타면 80g
- 바지락 가능하면 큰 것 6~8개 – 해감하기

  A
  - 화이트와인 2큰술
  - 물 1/2컵
- 올리브오일 2큰술
- 다진 마늘 1/2작은술
- 고추 약간 – 통썰기
- 다진 양파 1큰술
- 다시마차 1/2작은술
- 간장 1큰술
- 무염버터 10g
- 소금 약간
- 다진 파슬리 약간

면 삶기

- 삶는 시간 7분
- 냄비에 물 1ℓ를 붓고, 물 양의 3% 정도의 소금을 넣어 약 2큰술 면을 삶는다. 7분이 지나면 건져서 물기를 뺀다.

HOW TO MAKE

1. 팬에 바지락과 A를 넣고 뚜껑을 덮어 중간 불에 올린다. 바지락 입이 벌어지면 불을 끄고 건져둔다. 팬에 남은 국물도 따로 담아둔다.
2. 팬에 올리브오일과 마늘, 고추를 넣어 약한 불에 올리고, 향이 나면 양파를 넣고 가볍게 볶는다.
3. 2에 1의 국물과 다시마차를 넣은 후 삶은 파스타면을 넣고 섞는다.
4. 면이 적당히 익으면 간장, 버터, 소금으로 간하고 그릇에 담는다. 1에서 건져둔 바지락을 위에 얹고 파슬리를 뿌린다.

인기 있는 바지락 파스타에 버터와 간장을 넣어 일본식으로 만든 요리이다.
바지락의 감칠맛이 파스타면에 흡수되게 하는 것이 요령이다.

SHRIMP AND TUNA PASTA

셰프의 비법이 담긴 특별 파스타
13

새우와 참치, 푸른 차조기잎을 곁들인 파스타

SHRIMP AND TUNA PASTA

재료(1인분)

- 스파게티니 1.6mm 파스타면 80g
- 엑스트라버진 올리브오일 1큰술
- 다진 마늘 1/2작은술

  A
  - 새우소 5~6마리
  - 양파 슬라이스 1/6개분 약 30g
  - 참치 통조림 1/4캔 약 20g – 기름 빼기
- 면수 90㎖
- 다시마차 1/2작은술
- 간장 1큰술
- 소금 1/2작은술
- 후추 약간
- 푸른 차조기잎 2~3장 – 채썰기

면 삶기

- 삶는 시간 7분
- 냄비에 물 1ℓ를 붓고, 물 양의 3% 정도의 소금을 넣어 약 2큰술 면을 삶는다. 7분이 지나면 건져서 물기를 뺀다. 면수 90㎖ 1국자분를 덜어둔다.

HOW TO MAKE

1. 팬에 엑스트라버진 올리브오일과 마늘을 넣고 약한 불에 올려 가열하고, 향이 나면 A를 넣고 볶는다.
2. 1에 면수와 다시마차를 넣고 팬을 흔들어 전체를 섞는다.
3. 삶은 파스타면을 넣고 섞으면서 면의 익은 정도를 조절한다.
4. 면이 적당히 익으면 간장을 두르고 소금, 후추로 간한다.
5. 그릇에 담고 푸른 차조기잎을 곁들인다.

쉽게 구할 수 있는 식재료로 만드는 일본식 파스타이다.
먹고 싶을 때 부담 없이 만들 수 있도록 레시피를 잘 기억해두면 좋다.

DEL SOLE PASTA

셰프의 비법이 담긴 특별 파스타
14

해산물 스파이시 파스타
'델 솔레'

DEL SOLE PASTA

재료(1인분)

- 스파게티니 1.6mm 파스타면 80g
- 다진 마늘 1/2작은술
- 고추 약간 – 통썰기
- 어패류 가리비, 새우, 바지락, 문어, 오징어 등 원하는 것 적당량
- 올리브오일 2큰술

    A
    - 아스파라거스 1개 – 껍질 벗기고 4~5cm 길이로 어슷썰기
    - 주키니호박 약간 15g – 3mm 두께로 통썰기
    - 파프리카 슬라이스 빨간색, 노란색 적당량

    B
    - 토마토소스 p.20 90㎖ 1국자분
    - 케이준 스파이스 1/2작은술
        ✤ 케이준 스파이스는 마늘, 양파, 후추, 겨자 등을 넣어 만든 매운 향신료이다.

- 면수 적당량
- 소금 약간

면 삶기

- 삶는 시간 7분
- 냄비에 물 1ℓ를 붓고, 물 양의 3% 정도의 소금을 넣어 약 2큰술 면을 삶는다. 7분이 지나면 건져서 물기를 뺀다. 면수를 적당량 덜어둔다.

HOW TO MAKE

1. 팬에 올리브오일 1큰술과 마늘, 고추를 넣고 약한 불에 올려 가열하다가 향이 나면 어패류를 넣어 볶고 익으면 건져낸다.
2. 1에 올리브오일을 약간 분량 외 더 넣고 약한 불에서 A를 넣어 볶다가 B를 넣고 더 볶는다.
3. 2에 삶은 파스타면과 면수를 적당량 넣고 섞으면서 약한 불에서 파스타의 익은 정도를 조절한다.
4. 면이 적당히 익으면 1에서 건져둔 어패류를 넣고 재빨리 섞는다. 소금으로 간하고 올리브오일 1큰술을 두른 후 그릇에 담는다.

각종 해산물과 알싸한 케이준 스파이스가 포인트이다.
해변의 태양을 느끼면서 다양한 해산물을 즐겨보자.

ROE PASTA

셰프의 비법이 담긴 특별 파스타
15

어란 파스타

ROE PASTA

재료(1인분)

- 페델리니 1.4㎜ 파스타면 80g
- 무염버터 20g
- 면수 90㎖
- 다시마차 1작은술
- 어란 파우더 적당량

면 삶기

- 삶는 시간 5분
- 냄비에 물 1ℓ를 붓고, 물 양의 3% 정도의 소금을 넣어 약 2큰술 면을 삶는다. 5분이 지나면 건져서 물기를 뺀다. 면수 90㎖ 1국자분를 덜어둔다.

HOW TO MAKE

1. 팬에 버터를 넣고 약한 불에 올려 가열한다.
2. 버터가 옅은 갈색이 되면 면수와 다시마차를 넣고 팬을 흔들어 전체를 섞는다.
3. 2에 삶은 파스타면을 넣고 약한 불에서 섞으면서 면의 익은 정도를 조절한다.
4. 면이 적당히 익으면 불을 끄고 그릇에 담는다. 어란 파우더를 듬뿍 뿌린다.

TIPS!

- 면이 다 삶아지기 직전에 소스를 만들기 시작한다. 타이밍을 맞추는 것이 맛의 비결이다.

너무나도 심플하면서 특별한 맛의 파스타이다.
소스의 유화와 파스타의 '혼합'이 중요하다.

BAGNA CÀUDA PASTA

셰프의 비법이 담긴 특별 파스타
16

바냐 카우다풍 채소 파스타

BAGNA CÀUDA PASTA

소스 재료(4인분)

- 마늘 4쪽 200g – 껍질과 심 제거하기
- 안초비필레 3조각 30g
- 엑스트라버진 올리브오일 100㎖

파스타 재료(1인분)

- 스파게티니 1.6㎜ 파스타면 80g
- 원하는 채소 브로콜리, 아스파라거스, 주키니, 파프리카, 강낭콩 등 적당량
- 올리브오일 1큰술
- 소스 60㎖
- 면수 30㎖
- 소금 약간

면 삶기

- 삶는 시간 7분
- 냄비에 물 1ℓ를 붓고, 물 양의 3% 정도의 소금을 넣어 약 2큰술 면을 삶는다. 7분이 지나면 건져서 물기를 뺀다. 면수를 30㎖ 덜어둔다.

HOW TO MAKE

1. 냄비에 마늘과 마늘이 잠길 정도의 물분량 외을 붓고 끓인다. 물이 끓으면 물을 따라낸다. 이 과정을 세 번 반복한다.
2. 1의 마늘이 물렁해지면 물기를 빼고 안초비와 함께 믹서에 넣는다. 엑스트라버진 올리브오일을 조금씩 넣으면서 믹서를 돌려 퓌레 상태로 소스를 완성한다.
3. 팬에 올리브오일을 두르고 채소를 중간 불에서 볶는다. 소금으로 간하고 2의 소스 60㎖를 넣어 섞는다.
4. 3에 삶은 파스타면과 면수를 넣고 섞는다. 면이 적당히 익으면 그릇에 담는다.

TIPS!

- 소스는 채소를 찍어 먹거나 샐러드에 사용해도 좋다. 또 생선구이 소스로도 그만이다. 고기보다 채소나 어패류에 어울린다.

바냐 카우다는 올리브오일, 안초비, 마늘을 넣은 소스에 채소와 빵을 찍어 먹는 이탈리아 요리이다.
이 요리를 파스타로 만들었다. 채소를 좋아하는 사람은 한 번 먹으면 멈출 수 없을 것이다.

KELP PASTA

셰프의 비법이 담긴 특별 파스타
17

염장 다시마 파스타

KELP PASTA

재료(1인분)

- 페델리니 1.4㎜ 파스타면 80g
- 다진 마늘 1/2작은술
- 고추 1개
- 면수 90㎖
- 올리브오일 1큰술
- 염장 다시마 적당량 – 다지기

면 삶기

- 삶는 시간 5분
- 냄비에 물 1ℓ를 붓고, 물 양의 3% 정도의 소금을 넣어 약 2큰술 면을 삶는다. 5분이 지나면 건져서 물기를 뺀다. 면수 90㎖ 1국자분를 덜어둔다.

HOW TO MAKE

1. 팬에 올리브오일, 마늘, 고추를 넣고 약한 불에 올려 가열하고, 향이 나면 면수를 넣고 가볍게 끓인다.
2. 삶은 파스타면을 1에 넣고 약한 불에서 섞어 면에 국물이 흡수되게 한다.
3. 면이 적당히 익으면 그릇에 담는다. 염장 다시마를 듬뿍 뿌린다.

이보다 쉬운 레시피는 없다! 감칠맛 가득한 염장 다시마와 갈릭 오일의 미묘한 조합은 누군가에게 꼭 전해주고 싶은 맛이다.

SHRIMP AND ZUCCHINI PASTA

셰프의 비법이 담긴 특별 파스타
18

새우 주키니 파스타

SHRIMP AND ZUCCHINI PASTA

재료(1인분)

- 스파게티니 1.6㎜ 파스타면 80g
- 다진 마늘 1/2작은술
- 고추 약간 - 통썰기
- 새우소 5~6마리
- 주키니호박 30g - 반달썰기
- 토마토중 1/2개 - 끓는 물에 데쳐 씨를 제거하고 1㎝ 크기로 깍둑썰기
- 바지락 육수 2큰술
- 올리브오일 2큰술
- 소금 약간
- 엑스트라버진 올리브오일 마무리용 약간
- 다진 파슬리 약간

바지락 육수 재료

- 바지락 200g
- 물 1/2컵

면 삶기

- 삶는 시간 7분
- 냄비에 물 1ℓ를 붓고, 물 양의 3% 정도의 소금을 넣어 약 2큰술 면을 삶는다. 7분이 지나면 건져서 물기를 뺀다.

HOW TO MAKE

1. 먼저 바지락 육수를 만든다. 냄비에 바지락과 물을 넣고 뚜껑을 덮어 중간 불에서 끓이고, 바지락 입이 벌어지면 불을 끈다. 바지락을 건져 살을 발라내고 육수는 키친타월로 걸러둔다.
2. 팬에 올리브오일과 마늘, 고추를 넣고 약한 불에 올려 가열하고, 향이 나면 새우를 넣어 볶은 후 새우를 꺼내둔다.
3. 2의 팬에 주키니호박을 넣어 중간 불에서 볶고, 1의 바지락 육수 2큰술과 토마토를 넣어 섞는다.
4. 3에 삶은 파스타면을 넣고 면에 국물이 흡수되도록 약한 불에서 섞는다.
5. 면이 적당히 익으면 소금으로 간하고 그릇에 담는다. 2에서 꺼내둔 새우를 넣고 엑스트라버진 올리브오일을 두른 후 파슬리를 뿌린다.

TIPS!

- 바지락 육수는 통조림에 든 국물을 이용해도 된다. 1에서 발라낸 바지락 살을 새우와 함께 볶아 곁들여도 좋다.
- 바지락 육수는 '채소 튀김 절임과 바지락을 곁들인 냉파스타 p.206'에서도 사용한다.

바지락 육수를 이용해 만든 소스가 비결이다. 겉모양 이상으로 깊이 있는 맛에 놀랄 것이다.

CABBAGE AND BEKA SQUID PASTA

셰프의 비법이 담긴 특별 파스타
19

양배추 꼴뚜기 파스타

CABBAGE AND BEKA SQUID PASTA

재료(1인분)

- 스파게티니 1.6㎜ 파스타면 80g
- 올리브오일 1큰술
- 다진 마늘 1/2작은술
- 고추 1/2개 – 통썰기
- 꼴뚜기 6~8개 – 데치기
- 방울토마토 2~3개 – 2등분하기
- 양배추 1줌 – 마구 썰기
- 소금 약간
- 엑스트라버진 올리브오일 마무리용 약간

면 삶기

- 삶는 시간 7분
- 냄비에 물 1ℓ를 붓고, 물 양의 3% 정도의 소금을 넣어 약 2큰술 면을 삶는다. 면이 다 삶아지기 직전에 양배추를 넣고 7분이 지나면 면과 양배추를 함께 건져서 물기를 뺀다.

HOW TO MAKE

1. 팬에 올리브오일과 마늘, 고추를 넣고 약한 불에 올려 가열한다. 향이 나면 꼴뚜기와 방울토마토를 넣고 약한 불에서 토마토가 가볍게 물러질 정도로 볶는다.
2. 1에 삶은 면과 양배추를 넣고 면의 익은 정도를 조절하면서 약한 불에서 섞는다. 소금으로 간한다.
3. 면이 적당히 익으면 엑스트라버진 올리브오일을 두르고 그릇에 담는다.

TIPS!

- 봄철에 먹어야 좋다. 봄의 맛, 유채꽃을 곁들여도 맛있다.

부드럽고 싱싱한 양배추와 봄철에 최고의 맛을 자랑하는 꼴뚜기를 먹기 위한 레시피이다.
꼴뚜기가 질겨지지 않도록 재빨리 완성해야 한다.

SALMON AND SPINACH PASTA

셰프의 비법이 담긴 특별 파스타
20

레몬 풍미를 낸
연어 시금치 크림 파스타

SALMON AND SPINACH PASTA

재료(1인분)

- 스파게티니 1.6mm 파스타면 80g
- 생연어토막 40g – 한입 크기로 썰기
- 훈제 연어 40g – 한입 크기로 썰기
- 시금치 1줌
- 올리브오일 1큰술
- 다진 마늘 1/2작은술
- 화이트와인 1큰술
- 생크림 80㎖
- 다시마차 1/2작은술
- 소금 1/2작은술
- 검은 후추 약간
- 레몬 껍질 적당량 – 다지기

면 삶기

- 삶는 시간 7분
- 냄비에 물 1ℓ를 붓고, 물 양의 3% 정도의 소금을 넣어 약 2큰술 면을 삶는다. 7분이 지나면 건져서 물기를 뺀다.

HOW TO MAKE

1. 팬에 올리브오일과 마늘을 넣고 약한 불에 올린다. 향이 나면 생연어를 넣고 볶다가 화이트와인을 넣는다.
2. 1에 생크림과 다시마차를 넣고 섞다가 훈제 연어와 시금치를 넣어 가볍게 졸인다. 걸쭉해지면 삶은 파스타면을 넣고 면의 익은 정도를 조절하면서 약한 불에서 섞는다.
3. 면이 적당히 익으면 소금으로 간하고 그릇에 담는다. 검은 후추와 레몬 껍질을 뿌린다.

생연어와 훈제 연어의 식감과 향의 차이를 즐길 수 있는 파스타이다.
레몬 껍질의 상큼한 향이 매력적이다.

VONGOLE PASTA

셰프의 비법이 담긴 특별 파스타
21

모둠 조개 파스타

VONGOLE PASTA

재료(1인분)

- 스파게티니 1.6mm 파스타면 80g
- 올리브오일 3큰술
- 다진 마늘 1/2작은술
- 고추 약간 – 통썰기

   A
   - 바지락 6~8개 – 해감하기
   - 홍합 3개 – 껍질 씻기
   - 대합 2개

   B
   - 화이트와인 2큰술
   - 물 1/2컵

   C
   - 가리비 1개
   - 전복 적당량

- 무염버터 1큰술
- 다진 파슬리 약간

면 삶기

- 삶는 시간 7분
- 냄비에 물 1ℓ를 붓고, 물 양의 3% 정도의 소금을 넣어 약 2큰술 면을 삶는다. 7분이 지나면 건져서 물기를 뺀다.

HOW TO MAKE

1. 팬에 올리브오일 1큰술과 마늘 1/4작은술, 고추를 넣고 약한 불에서 익힌다. 향이 나면 A와 B를 넣어 뚜껑을 덮고 끓인다. 조개류의 입이 열리면 건져내어 살을 발라내고, 국물은 키친타월로 걸러둔다.
2. 다른 팬에 올리브오일 1큰술, 마늘 1/4작은술, 고추를 넣고 약한 불에서 익히다 향이 나면 C를 넣어 볶는다.
3. 2에 1의 국물과 삶은 파스타면을 넣어 면에 국물이 흡수되도록 한다.
4. 면이 적당히 익으면 1에서 발라둔 조갯살을 넣고 약한 불에서 익히면서 재빨리 섞는다. 무염버터를 넣고 엑스트라버진 올리브오일 1큰술을 두른 후 그릇에 담고 파슬리를 뿌린다.

TIPS!

- 조개류는 바지락, 대합, 전복 이외에 구하기 쉬운 것을 취향대로 준비하면 된다. 고동, 우럭, 함박조개 등을 넣어도 맛있다.

대합이나 바지락 등 조개의 감칠맛을 듬뿍 머금은 파스타이다.
시원한 와인과 함께 즐기면 좋다.

SEA URCHIN PASTA

셰프의 비법이 담긴 특별 파스타
22

성게 크림 파스타

SEA URCHIN PASTA

재료(1인분)

- 스파게티니 1.6mm 파스타면 80g
- 올리브오일 1큰술
- 다진 마늘 1/2작은술
- 안초비필레 1조각 10g
- 화이트와인 2큰술
- 토마토소스 p.20 2큰술
- 생크림 1큰술
- 소금 약간
- 설탕 1꼬집
- 성게알 1큰술 또는 적당량
- 검은 후추 약간
- 산파 약간 – 3cm 길이로 어슷썰기
  - ✣ 산파는 파의 일종으로 톡 쏘면서도 향긋한 향이 나는 향신 채소이다.

면 삶기

- 삶는 시간 7분 30초
- 냄비에 물 1ℓ를 붓고, 물 양의 3% 정도의 소금을 넣어 약 2큰술 면을 삶는다. 7분 30초가 지나면 건져서 물기를 뺀다.

HOW TO MAKE

1. 팬에 올리브오일과 마늘을 넣고 약한 불에 올려 익힌다. 향이 나면 안초비를 넣어 가볍게 볶다가 화이트와인을 넣는다.
2. 1에 토마토소스와 생크림을 넣고 약한 불에서 살짝 졸인다. 소금과 설탕으로 간한다.
3. 2를 불에서 내리고 삶은 파스타면을 넣어 섞다가 생 성게알을 넣고 재빨리 섞는다.
4. 그릇에 담아 검은 후추를 뿌리고 산파를 얹는다.

호텔 뉴오타니 제공점

- **RESTAURANT** 벨라 비스타
  성게 크림 파스타 3,200엔
- **COFFEE SHOP** SATSUKI
  바닷가재와 참게, 성게를 곁들인 파스타 빵&이탈리안 샐러드 포함 3,800엔 비정기적으로 제공

특히 이 요리의 경우 피스타면 삶는 시간과 소스 만드는 시간을 맞추는 것이 관건이다.
그래야 성게의 풍미를 살릴 수 있다.
조리할 때는 내내 불을 약하게 유지한다.

WHITE FISH PASTA

셰프의 비법이 담긴 특별 파스타
23

타임 향이 나는 흰살 생선 파스타

WHITE FISH PASTA

재료(1인분)

- 스파게티니 1.6mm 파스타면 80g
- 흰살 생선 60g 정도 - 껍질을 제거하고 깍둑 썰기
- 올리브오일 2큰술 + 마무리용 약간
- 다진 마늘 1/2작은술
- 고추 약간 - 통썰기
- 타임 1줄기 + 장식용 약간
- 면수 90㎖
- 다시마차 1/2작은술
- 소금 약간
- 후추 약간

면 삶기

- 삶는 시간 7분
- 냄비에 물 1ℓ를 붓고, 물 양의 3% 정도의 소금을 넣어 약 2큰술 면을 삶는다. 7분이 지나면 건져서 물기를 뺀다. 면수 90㎖ 1국자분를 덜어둔다.

HOW TO MAKE

1. 흰살 생선은 소금과 후추로 밑간을 해둔다.
2. 팬에 올리브오일과 마늘, 고추, 타임 줄기를 넣어 약한 불에 올리고, 향이 나면 흰살 생선을 넣어 볶는다.
3. 2에 면수와 다시마차를 넣어 약한 불에서 끓이다가 삶은 파스타면을 넣고 섞는다.
4. 면이 적당하게 익으면 소금으로 간하고 엑스트라버진 올리브오일을 살짝 두른 후 그릇에 담는다. 타임을 얹어 장식한다.

TIPS!

- 흰살 생선은 아무거나 사용해도 되지만 청새치나 농어 등이 좋다.

어패류와 궁합이 잘 맞는 타임을 곁들여 한층 맛을 돋우었다.
제철 흰살 생선을 맛있게 먹어보자.

SEAFOOD BOLOGNESE PASTA

셰프의 비법이 담긴 특별 파스타
24

해산물 볼로네제 파스타

SEAFOOD BOLOGNESE PASTA

소스 재료(4인분)

- 흰살 생선, 새우, 가리비, 오징어, 문어 등 100g씩
- 올리브오일 2큰술
- 마늘 10g - 다지기
- 고추 약간 - 통썰기

  A
  - 토마토 통조림 1캔 400g
  - 화이트와인 50㎖
  - 월계수잎 1장
  - 바질생 또는 건조 2~3장

파스타 재료(1인분)

- 스파게티니 1.6㎜ 파스타면 80g
- 소스 90㎖ 1국자분
- 소금 약간

면 삶기

- 삶는 시간 7분
- 냄비에 물 1ℓ를 붓고, 물 양의 3% 정도의 소금을 넣어 약 2큰술 면을 삶는다. 7분이 지나면 건져서 물기를 뺀다. 면수를 적당량 덜어둔다.

HOW TO MAKE

1. 어패류를 모두 푸드 프로세서에 넣어 잘게 다진다.
2. 팬에 올리브오일과 마늘, 고추를 넣고 약한 불에 올린다. 향이 나면 1을 넣고 볶는다.
3. 2에 A를 넣어 섞고, 전체 양이 2/3 정도로 졸아들 때까지 약한 불에서 끓여 소스를 완성한다.
4. 다른 팬에 3의 소스 1국자를 넣어 약한 불에서 데우고 삶은 파스타면을 넣어 익은 정도를 조절하며 잘 섞는다. 면이 덜 익어 딱딱하면 면수분량 외를 넣는다.
5. 면이 적당히 익으면 소금으로 간하고 그릇에 담는다.

TIPS!

- 어패류는 각각의 식감이 남도록 너무 갈지 말고, 다진 고기 정도의 상태로 만들어준다.
- 남은 소스는 리소토나 오믈렛의 속재료, 구이 소스 등 다양하게 활용할 수 있다.

어패류를 갈아 소스로 만들었다.
해산물의 다채로운 맛을 즐길 수 있는 요리이다.

MUSHROOM AND TUNA PASTA

셰프의 비법이 담긴 특별 파스타
25

나이테 버섯 참치 파스타

MUSHROOM AND TUNA PASTA

소스 재료(약 4인분)

- 버섯 표고버섯, 송이버섯, 양송이버섯 등 60g
- 참치 통조림 2캔 140g – 기름 제거하기
- 양파 1/6개 30g – 다지기
- 올리브오일 1큰술
- 다진 마늘 1작은술
- 고추 약간 – 통썰기
- 레드와인 1/2컵

  A
  - 토마토 통조림 1캔 400g
  - 다시마차 1작은술

- 소금 약간
- 후추 약간

파스타 재료(1인분)

- 스파게티니 1.6mm 파스타면 80g
- 소스 90㎖ 1국자분
- 엑스트라버진 올리브오일 1작은술
- 소금 약간
- 다진 파슬리 약간

면 삶기

- 삶는 시간 7분
- 냄비에 물 1ℓ를 붓고, 물 양의 3% 정도의 소금을 넣어 약 2큰술 면을 삶는다. 7분이 지나면 건져서 물기를 뺀다.

HOW TO MAKE

1. 냄비에 올리브오일, 마늘, 고추를 넣고 약한 불에 올려 가열한다. 향이 나면 양파를 넣어 잘 볶는다.
2. 1에 버섯을 넣어 볶다가 참치와 레드와인을 넣어 섞는다. 레드와인의 수분이 없어질 때까지 졸이다가 A를 넣어 더 끓이고, 양이 2/3 정도로 졸아들면 소금과 후추로 간한다.
3. 2의 소스 1국자를 팬에 넣어 약한 불에서 데우다가 삶은 파스타면을 넣고 잘 섞는다.
4. 면이 적당히 익으면 엑스트라버진 올리브오일을 두르고 소금으로 간하여 그릇에 담는다. 파슬리를 뿌린다.

참치 통조림을 열었을 때의 모양이 나이테처럼 생겼다고 해서 이름이 지어진 파스타이다.

GORGONZOLA PASTA

셰프의 비법이 담긴 특별 파스타
26

고르곤졸라 크림 파스타

GORGONZOLA PASTA

재료(1인분)

- 스파게티니 1.6㎜ 파스타면 80g
- 고르곤졸라 치즈 또는 블루치즈 15g 정도
- 생크림 1/2컵
- 무염버터 1작은술
- 검은 후추 약간

면 삶기

- 삶는 시간 7분 30초
- 냄비에 물 1ℓ를 붓고, 물 양의 3% 정도의 소금을 넣어 약 2큰술 면을 삶는다. 7분 30초가 지나면 건져서 물기를 뺀다.

HOW TO MAKE

1. 팬에 생크림을 넣고 양이 약 1/2 정도로 줄어 걸쭉해질 때까지 약한 불에서 졸인다.
2. 1에 고르곤졸라 치즈 또는 블루치즈를 넣어 녹인다.
3. 2에 삶은 파스타면을 넣고, 면에 소스가 잘 흡수되도록 약한 불에서 섞는다. 버터를 넣어 간하고 그릇에 담은 후 검은 후추를 뿌린다.

TIPS!

- 치즈의 양은 취향에 따라 조절한다. 향이 강한 치즈가 어울린다.

푸른곰팡이 치즈와 생크림만 사용한 매우 간단한 파스타이다.
고르곤졸라 치즈를 좋아한다면 꼭 만들어보자.

AJILLO PASTA

셰프의 비법이 담긴 특별 파스타
27

새우, 말린 토마토, 양배추를 넣은 아히조풍 파스타

AJILLO PASTA

재료(1인분)

- 스파게티니 1.6mm 파스타면 80g
- 새우소 5~6마리
- 양배추 50g – 마구썰기, 소금물에 데쳐 물기를 꼭 짜기
- 엑스트라버진 올리브오일 2~3큰술
- 마늘 슬라이스 1쪽분 10g
- 안초비필레 1조각 10g
- 말린 토마토 3개
- 면수 적당량
- 소금 약간
- 검은 후추 약간
- 다진 파슬리 약간

면 삶기

- 삶는 시간 7분
- 냄비에 물 1ℓ를 붓고, 물 양의 3% 정도의 소금을 넣어 약 2큰술 면을 삶는다. 7분이 지나면 건져서 물기를 뺀다. 면수를 적당량 덜어둔다.

HOW TO MAKE

1. 팬에 마늘과 엑스트라버진 올리브오일을 넣어 약한 불에 올려 가열하고, 향이 나면 안초비를 넣어 볶는다.
2. 1에 새우를 넣어 볶다가 양배추와 말린 토마토를 넣고 올리브오일로 끓이듯이 약한 불에 둔다.
3. 삶은 파스타면을 2에 넣어 섞으면서 면의 익은 정도를 조절한다. 소스가 적으면 면수를 적당량 넣는다.
4. 면이 적당히 익으면 소금, 후추로 간하고 그릇에 담아 파슬리를 뿌린다.

TIPS!

- 아히조는 올리브오일을 듬뿍 넣어 조리하기 때문에 식재료의 물기를 빼서 넣는 게 중요하다. 말린 토마토도 물에 불리지 않는다.
- 봄 양배추를 사용하는 경우에는 잎이 부드러워 금세 익으므로 데치지 않고 생양배추를 그대로 넣는 편이 좋다.

아히조는 올리브오일과 마늘을 끓인 소스를 말한다.
이 파스타 역시 새우와 말린 토마토, 양배추를 고급 올리브오일로 끓인다.
수분을 넣지 않도록 조리하는 것이 요령이다.

ROOT VEGETABLES CARBONARA

셰프의 비법이 담긴 특별 파스타
28

뿌리채소 카르보나라

ROOT VEGETABLES CARBONARA

재료(1인분)

- 스파게티니 1.6mm 파스타면 80g
- A
  - 달걀노른자대 2개
  - 생크림 1/2컵
  - 파르메산 치즈 가루 1줌
  - 다시마차 1작은술
- 올리브오일 1큰술
- 베이컨 또는 판체타 30g – 5mm 크기로 썰기
- 토란 15g – 7mm 두께로 통썰기
- 우엉 15g – 감자칼로 얇게 저미기
- 다진 마늘 1/2작은술
- 화이트와인 1큰술
- 무 15g – 감자칼로 얇게 저미기
- 소금 약간
- 파르메산 치즈 가루 약간
- 검은 후추 약간

면 삶기

- 삶는 시간 7분 30초
- 냄비에 물 1ℓ를 붓고, 물 양의 3% 정도의 소금을 넣어 약 2큰술 면을 삶는다. 7분 30초가 지나면 건져서 물기를 뺀다.

HOW TO MAKE

1. A를 볼에 합쳐둔다.
2. 팬에 올리브오일과 베이컨 또는 판체타를 넣어 약한 불에 올려 기름이 나올 때까지 볶는다. 바삭해지면 일단 꺼내고 불을 올려 중간 불 토란과 우엉을 볶는다. 익으면 꺼내둔다.
3. 2에 마늘을 넣어 약한 불로 가열하고, 향이 나면 화이트와인을 넣고 1을 넣는다. 불을 더 줄이고 고무주걱으로 계속 저으면서 조금 걸쭉한 느낌이 들 때까지 데워 불에서 내린다.
4. 3에 꺼내둔 베이컨, 토란, 우엉을 넣고 삶은 파스타면과 무도 넣어, 면에 소스가 흡수되도록 잔열로 섞는다.
5. 소금, 파르메산 치즈로 간하고 그릇에 담아 검은 후추를 뿌린다.

카르보나라 소스와 토란의 끈적임, 무와 우엉의 아삭아삭함!
식감의 차이를 즐기는 재미가 있다.

CRAB AND ASPARAGUS PASTA

셰프의 비법이 담긴 특별 파스타
29

게 아스파라거스 크림 파스타

CRAB AND ASPARAGUS PASTA

재료(1인분)

- 스파게티니 1.6mm 파스타면 80g
- 게살 30~40g
- 아스파라거스 1~2개 – 껍질을 벗기고 3cm 길이로 어슷썰기
- 다진 양파 1큰술
- 올리브오일 1큰술
- 다진 마늘 1/2작은술
- 고추 약간 – 통썰기
- 안초비필레 1조각 10g
- 브랜디 1큰술
- 생크림 3큰술
- 소금 약간
- 다진 파슬리 약간

면 삶기

- 삶는 시간 7분
- 냄비에 물 1ℓ를 붓고, 물 양의 3% 정도의 소금을 넣어 약 2큰술 면을 삶는다. 다 삶아지기 직전에 아스파라거스를 넣고 7분이 지나면 면과 함께 건져서 물기를 뺀다.

HOW TO MAKE

1. 팬에 올리브오일과 마늘, 고추를 넣어 약한 불에 올려 가열하고, 향이 나면 안초비, 게살, 양파를 넣고 볶다가 브랜디로 향을 낸다.
2. 1에 생크림을 넣고 걸쭉해질 때까지 졸인다.
3. 2에 삶은 파스타면과 데친 아스파라거스를 넣고 약한 불에서 면의 익은 정도를 조절하면서 섞는다.
4. 면이 적당히 익으면 소금으로 간하고 그릇에 담아 파슬리를 뿌린다.

TIPS!

- 만드는 과정 2에서 소스가 묽으면 옥수수전분물 동량의 물과 옥수수전분으로 만들 것을 넣으면 된다.

안초비를 볶아 게의 맛을 살리고 브랜디를 넣어 향을 냈다.
맛, 향, 식감 모두 고급스러운 요리다.

STEWED PORK BELLY AND CABBAGE TOMATO PASTA

셰프의 비법이 담긴 특별 파스타
30

삼겹살 양배추 토마토 파스타

STEWED PORK BELLY AND CABBAGE TOMATO PASTA

소스 재료(4인분)

- 돼지고기 통삼겹살 500g - 8등분하기

  A
  - 소금 약간
  - 검은 후추 약간
  - 박력분 약간
- 올리브오일 2큰술
- 다진 마늘 20g
- 고추 1개
- 양파 1/2개 ^{100g} - 다지기
- 당근 1/3개 ^{50g} - 다지기
- 셀러리 9cm 정도 ^{30g} - 다지기

  B
  - 토마토 통조림 1캔 ^{400g}
  - 월계수잎 1장
  - 치킨 스톡 시판 제품 400㎖
  - 화이트와인 100㎖

파스타 재료(1인분)

- 스파게티니 $^{1.6mm}$ 파스타면 80g
- 조린 돼지고기 40g
- 조림 국물 90㎖ ^{1국자분}
- 양배추 1줌 - 마구썰기
- 엑스트라버진 올리브오일 약간
- 소금 약간
- 다진 파슬리 약간

면 삶기

- 삶는 시간 7분
- 냄비에 물 1ℓ를 붓고, 물 양의 3% 정도의 소금을 넣어 약 2큰술 면을 삶는다. 다 삶아지기 직전에 양배추를 넣고 7분이 지나면 면과 함께 건져서 물기를 뺀다.

HOW TO MAKE

소스 만들기

1. 팬에 올리브오일 1큰술을 두르고 A로 밑간한 돼지고기를 넣어 전체적으로 구워 색을 낸다.
2. 냄비에 올리브오일 1큰술, 마늘, 고추를 넣어 약한 불에 올리고, 향이 나면 양파, 당근, 셀러리를 넣고 볶는다.
3. 1의 돼지고기를 2에 넣고 B를 넣어 돼지고기가 물렁해질 때까지 조린다. 중간 중간 상태를 보고 수분이 적으면 물을 넣는다.

파스타 만들기

4. 3에서 돼지고기 40g을 건져 한입 크기로 썰어 3의 조림 국물 1국자와 함께 팬에 넣어 약한 불에서 데우다가 삶은 파스타면과 양배추를 넣고 재빨리 섞는다. 엑스트라버진 올리브오일을 두르고 소금으로 간하여 그릇에 담은 후 파슬리를 뿌리다

밥반찬이 될 것 같은 푸짐한 고기 소스!
고기 덩어리의 식감 때문에 입이 즐겁다.

TOMATO, BACON AND SPINACH PASTA

셰프의 비법이 담긴 특별 파스타
31

토마토 베이컨 시금치 파스타

TOMATO, BACON AND SPINACH PASTA

재료(1인분)

- 스파게티니 1.6㎜ 파스타면 80g
- 베이컨 30g - 5mm 크기로 썰기
- 말린 토마토 약간
- 시금치 1줌
- 올리브오일 1큰술
- 다진 마늘 1/2작은술
- 고추 약간 - 통썰기
- 면수 90㎖
- 소금 약간

면 삶기

- 삶는 시간 7분
- 냄비에 물 1ℓ를 붓고, 물 양의 3% 정도의 소금을 넣어 약 2큰술 면을 삶는다. 7분이 지나면 건져서 물기를 뺀다. 면수 90㎖ 1국자분를 덜어둔다.

HOW TO MAKE

1. 팬에 올리브오일을 두르고 약한 불에서 베이컨을 볶는다.
2. 1에 마늘을 넣고 향이 나면 고추, 말린 토마토, 시금치를 넣어 가볍게 볶다가 면수를 넣는다. 팬을 흔들어 소스를 잘 섞는다.
3. 2에 삶은 파스타면을 넣고 약한 불에서 면의 익은 정도를 조절하면서 잘 섞는다.
4. 면이 적당히 익으면 소금으로 간하고 그릇에 담는다.

감칠맛이 응축된 말린 토마토에 베이컨의 맛을 더했다.
가볍게 먹을 수 있는 이탈리아 아침 메뉴이다.

JAPANESE GENOVESE PASTA

셰프의 비법이 담긴 특별 파스타
32

차조기잎과 우메보시를 넣은 일본식 제노베제 파스타

JAPANESE GENOVESE PASTA

소스 재료(3인분)

- 푸른 차조기잎 4다발 40장
- 안초비필레 1조각 10g
- 마늘 1/2쪽 5g
- 엑스트라버진 올리브오일 100㎖

파스타 재료(1인분)

- 스파게티니 1.6㎜ 파스타면 80g
- 소스 90㎖ 1국자분
- 우메보시 2개 또는 으깬 매실 2작은술
- 소금 약간
- 방울토마토 1/2개 - 2등분하기

면 삶기

- 삶는 시간 7분 30초
- 냄비에 물 1ℓ를 붓고, 물 양의 3% 정도의 소금을 넣어 약 2큰술 면을 삶는다. 7분 30초가 지나면 건져서 물기를 뺀다.

HOW TO MAKE

1. 믹서에 푸른 차조기잎, 안초비, 마늘을 넣고 엑스트라버진 올리브오일을 조금씩 넣으면서 페이스트 상태로 간다.
2. 1의 소스 1국자를 볼에 넣고 삶은 파스타면을 넣어 잔열로 섞는다. 두드려서 잘게 썬 우메보시를 넣고 잘 섞는다. 소금으로 간하고 그릇에 담아 방울토마토로 장식한다.

TIPS!

- 바질이나 푸른 차조기잎은 가열하면 색이 변하기 때문에 섞을 때는 면의 잔열로 재빨리 마무리한다. 파스타면은 알덴테 직전까지 삶는다.

바질 대신 푸른 차조기잎, 파르메산 치즈 대신 우메보시를 넣어 일본식으로 완성한 제노베제 파스타이다. 색다른 맛의 제노베제를 즐겨보자.

HURIKAKE PASTA

HURIKAKE PASTA

셰프의 비법이 담긴 특별 파스타
33

베이컨 붉은 차조기 후리카케 파스타

재료(1인분)

- 스파게티니 1.6㎜ 파스타면 80g
- 베이컨 30g - 5㎜ 크기로 썰기
- 양파 슬라이스 1/4개분 50g
- 붉은 차조기 후리카케 1작은술
- 엑스트라버진 올리브오일 1큰술
- 다진 마늘 1/2작은술
- 다진 고추 약간

면 삶기

- 삶는 시간 7분 30초
- 냄비에 물 1ℓ를 붓고, 물 양의 3% 정도의 소금을 넣어 약 2큰술 면을 삶는다. 7분 30초가 지나면 건져서 물기를 뺀다.

HOW TO MAKE

1. 팬에 베이컨을 넣고 약한 불에서 볶으면서 베이컨 기름을 낸다. 마늘, 고추, 엑스트라버진 올리브오일을 넣고 향이 나면 양파를 넣어 잘 볶은 다음, 불을 끈다.
2. 1에 삶은 파스타면을 넣고 잔열로 섞는다. 붉은 차조기 후리카케를 넣어 간하고 그릇에 담는다.

베이컨의 짭짤한 맛과 붉은 차조기 후리카케가 깜짝 놀랄 정도로 잘 어울린다.
그 흔한 후리카케가 훌륭한 역할을 한다. 의외의 맛에 중독되고 마는 요리다.

SCALLOP AND KYONA PASTA

셰프의 비법이 담긴 특별 파스타
34

조개관자 경수채 파스타

SCALLOP AND KYONA PASTA

재료(1인분)

- 스파게티니 1.6mm 파스타면 80g
- 조개관자 2큰술 정도
- 올리브오일 1큰술
- 다진 마늘 1/2작은술
- 고추 약간 - 통썰기
- 면수 90㎖
- 다시마차 1작은술
- 소금 약간
- 경수채 1줌 - 3~4cm 폭으로 썰기
- 엑스트라버진 올리브오일 마무리용 약간

면 삶기

- 삶는 시간 7분
- 냄비에 물 1ℓ를 붓고, 물 양의 3% 정도의 소금을 넣어 약 2큰술 면을 삶는다. 7분이 지나면 건져서 물기를 뺀다. 면수 90㎖ 1국자분를 덜어둔다.

HOW TO MAKE

1 팬에 올리브오일과 마늘, 고추를 넣어 약한 불에 올려 가열하고, 향이 나면 면수와 다시마차를 넣어 섞는다.
2 1에 삶은 파스타면과 조개관자를 넣고 면의 익은 정도를 조절하면서 섞는다.
3 면이 적당히 익으면 소금으로 간하고 그릇에 담는다. 경수채를 얹고 엑스트라버진 올리브오일을 두른다.

경수채는 겨잣과에 속하는 채소로 예부터 일본 교토에서 재배되어 왔다.
비료 없이도 물과 흙만으로 재배되는 새소라 하여 '경수채'라 이름 지어졌다.
경수채와 조개관자를 넣은 이 파스타는 매우 담백한 맛을 자랑한다.
신선한 조개관자를 구하면 꼭 도전해보자.

CURRY PORK AND MUSHROOM PASTA

셰프의 비법이 담긴 특별 파스타
35

카레 풍미를 낸
돼지고기 버섯 토마토 파스타

CURRY PORK AND MUSHROOM PASTA

소스 재료(4인분)

- 돼지고기 삼겹살 200g - 한입 크기로 썰기
- 잎새버섯 1덩이 100g - 작게 나누기
- 양파 슬라이스 80g
- 올리브오일 1큰술
- 마늘 1쪽 10g - 다지기
- 고추 약간 - 통썰기
- 토마토 통조림 1캔 400g
- 카레가루 1큰술
- 설탕 3~4큰술

파스타 재료(1인분)

- 스파게티니 1.6mm 파스타면 80g
- 소스 90㎖ 1국자분
- 소금 약간
- 다진 파슬리 약간

면 삶기

- 삶는 시간 7분
- 냄비에 물 1ℓ를 붓고, 물 양의 3% 정도의 소금을 넣어 약 2큰술 면을 삶는다. 7분이 지나면 건져서 물기를 뺀다.

HOW TO MAKE

1. 팬에 올리브오일과 마늘, 고추를 넣고 약한 불에 올려 가열하다가 향이 나면 양파를 넣고 볶는다.
2. 1에 돼지고기 삼겹살과 한입 크기로 작게 나눈 잎새버섯을 넣고 중간 불에서 볶는다.
3. 2에 토마토 통조림과 카레가루를 넣고 양이 2/3로 줄 때까지 끓인다. 간을 보고 신맛이 강하면 설탕을 넣어 맛을 조절해 소스를 완성한다.
4. 다른 팬에 소스 1국자를 넣고 약한 불에서 데우다가 삶은 파스타면을 넣고 섞는다. 면이 적당히 익으면 소금으로 간하고 그릇에 담는다. 파슬리를 뿌린다.

가장 일반적인 토마토소스와 카레 풍미가
뜻밖의 조화를 만들어내는 이국적인 토마토 파스타.

SQUID AND BROCCOLI PASTA

셰프의 비법이 담긴 특별 파스타
36

오징어 브로콜리 토마토 파스타

SQUID AND BROCCOLI PASTA

소스 재료(4인분)

- 오징어 2마리
- 양파 1/4개 50g – 다지기
- 브랜디 또는 화이트와인 100㎖
- 토마토 통조림 1캔 400g
- 올리브오일 1큰술
- 마늘 1쪽 10g – 다지기
- 고추 약간 – 통썰기

파스타 재료(1인분)

- 스파게티니 1.6㎜ 파스타면 80g
- 소스 90㎖ 1국자분
- 브로콜리 적당량 – 데쳐서 잘게 썰기
- 엑스트라버진 올리브오일 1큰술
- 소금 약간
- 다진 파슬리 약간

면 삶기

- 삶는 시간 7분
- 냄비에 물 1ℓ를 붓고, 물 양의 3% 정도의 소금을 넣어 약 2큰술 면을 삶는다. 7분이 지나면 건져서 물기를 뺀다.

HOW TO MAKE

1 오징어를 몸통, 다리, 내장으로 나누고 몸통의 껍질을 벗긴다. 몸통을 통썰기하여 장식용으로 7~8개 덜어 둔다. 장식용을 제외한 몸통과 다리를 푸드 프로세서에 넣고 다진 고기 형태로 간다.

2 냄비에 올리브오일, 마늘, 고추를 넣고 약한 불에 올려 가열하다가 향이 나면 양파를 넣어 볶는다. 1의 간 오징어와 내장도 넣어 볶다가 브랜디 또는 화이트와인을 넣고 센 불에서 알코올을 날린다. 토마토 통조림을 넣고 약 10분 정도 끓여 소스를 완성한다.

3 2의 소스 1국자를 다른 팬에 옮기고 약한 불에서 데우면서 장식용으로 남겨둔 오징어를 넣어 섞는다. 삶은 파스타면과 브로콜리를 넣고 섞는다. 엑스트라버진 올리브오일을 두르고 소금으로 간하여 그릇에 담는다. 다진 파슬리를 뿌린다.

TIPS!

- 오징어는 내장까지 사용하기 때문에 신선한 것을 고른다. 남은 소스는 카레에 넣으면 맛있다. 해산물 카레 같은 맛이 된다.

오징어는 내장을 제거하지 않고 그대로 사용한다.
저렴하고 쉽게 구할 수 있는 해산물을 토마토소스와 맛있게 즐겨보자.

JAPANESE STYLE MUSHROOM PASTA

셰프의 비법이 담긴 특별 파스타
37

일본식 모둠 버섯 파스타

JAPANESE STYLE MUSHROOM PASTA

재료(1인분)

- 스파게티니 1.6mm 파스타면 80g
- 각종 버섯(송이버섯, 표고버섯, 양송이버섯, 새송이버섯 등) 적당량 - 한입 크기로 썰기
- 대파 4~5대 - 7mm 폭으로 어슷썰기
- 샐러드오일 1큰술

  A
  - 간장 1큰술
  - 화이트와인 3큰술
  - 다시마차 1작은술
- 토마토중 1/2개 - 끓는 물에 데쳐 씨를 제거하고 2cm 크기로 깍둑썰기
- 무염버터 1작은술
- 푸른 차조기잎 2~3장 - 채썰기
- 잘게 썬 김 1줌

면 삶기

- 삶는 시간 7분
- 냄비에 물 1ℓ를 붓고, 물 양의 3% 정도의 소금을 넣어 약 2큰술 면을 삶는다. 7분이 지나면 건져서 물기를 뺀다.

HOW TO MAKE

1. 볼에 A를 넣고 섞어둔다.
2. 팬에 샐러드오일을 두르고 중간 불에서 버섯을 볶다가 대파를 넣어 더 볶는다.
3. 2에 1을 넣고 토마토와 삶은 파스타면을 넣어 섞으면서 면의 익은 정도를 조절한다.
4. 면이 적당히 익으면 불을 끄고 버터를 넣어 간한다. 그릇에 담고 푸른 차조기잎과 잘게 썬 김을 얹는다.

간장 베이스 소스에 토마토의 신맛과 버터의 풍미를 더해 감칠맛을 냈다.
버섯은 원하는 종류를 마음껏 사용한다.

URBONARA PASTA

셰프의 비법이 담긴 특별 파스타
38

우르보나라 파스타

URBONARA PASTA

재료(1인분)

- 페델리니 1.4mm 파스타면 80g
- 성게알 적당량

    A
    - 달걀노른자 2개
    - 생크림 1/2컵
    - 다시마차 1작은술
    - 파르메산 치즈 가루 1줌

    B
    - 파르메산 치즈 가루 1줌
    - 무염버터 1큰술
- 소금 약간
- 검은 후추 약간

면 삶기

- 삶는 시간 5분 30초
- 냄비에 물 1ℓ를 붓고, 물 양의 3% 정도의 소금을 넣어 약 2큰술 면을 삶는다. 5분 30초가 지나면 건져서 물기를 뺀다.

HOW TO MAKE

1 볼에 A를 넣고 섞어둔다.
2 팬에 1을 넣고 최대한 약한 불에서 고무주걱으로 계속 섞으면서 살짝 걸쭉해질 때까지 끓인다. 걸쭉해지면 불에서 내린다.
3 성게알을 장식용으로 4~5개 남기고, 나머지는 2에 넣는다. 삶은 파스타면과 B도 넣어 잔열로 재빨리 섞고 소금으로 간한다.
4 3을 그릇에 담고 남겨둔 성게알을 곁들인 후 검은 후추를 뿌린다.

TIPS!

- 소스는 최대한 약한 불에서 크게 섞으며 끓인다. 카르보나라 소스를 만드는 법 p.38을 참고하면 도움이 된다.

카르보나라 소스에 성게알의 단맛을 더해 고급스러운 소스를 완성했다.
차지고 걸쭉한 소스를 마음껏 즐겨보자.

KANI-MISO PASTA

셰프의 비법이 담긴 특별 파스타
39

가니미소 파스타

KANI-MISO PASTA

재료(1인분)

- 스파게티니 1.6㎜ 파스타면 80g
- 가니미소 시판 제품 2큰술
- 올리브오일 1큰술
- 다진 마늘 1/2작은술
- 고추 약간 – 통썰기
- 안초비필레 1조각 10g
- 우유 1/2컵
- 면수 적당량
- 소금 약간
- 산파 적당량 – 송송 썰기

면 삶기

- 삶는 시간 7분
- 냄비에 물 1ℓ를 붓고, 물 양의 3% 정도의 소금을 넣어 약 2큰술 면을 삶는다. 7분이 지나면 건져서 물기를 뺀다. 면수를 적당량 덜어둔다.

HOW TO MAKE

1. 팬에 올리브오일, 마늘, 고추를 넣고 약한 불에 올려 가열한다. 향이 나면 안초비를 넣어 볶다가 우유를 넣고 한소끔 끓인다.
2. 1에 가니미소를 넣어 전체적으로 섞는다. 삶은 파스타면을 넣고 약한 불에서 섞으면서 면의 익은 정도를 조절한다. 면이 딱딱하면 면수를 적당량 넣는다.
3. 면이 적당히 익으면 소금으로 간하고 그릇에 담는다. 산파를 듬뿍 얹는다.

TIPS!

- 가니미소는 원하는 시판 제품을 사용한다.

제목 그대로 일본식 된장 양념 게장인 가니미소를 듬뿍 넣어 파스타면과 섞었다.
한잔하면서 즐기기에 좋다.

OCTOPUS, OLIVE AND ASPARAGUS PASTA

셰프의 비법이 담긴 특별 파스타
40

문어, 올리브, 아스파라거스를 곁들인 파스타

OCTOPUS, OLIVE AND ASPARAGUS PASTA

재료(1인분)

- 스파게티니 1.6mm 파스타면 80g
- 데친 문어 슬라이스 40g
- 아스파라거스 1~2개 - 껍질을 벗기고 3cm 길이로 어슷썰기
- 올리브오일 1큰술
- 다진 마늘 1/2작은술
- 고추 약간 - 통썰기
- 안초비필레 1조각
- 블랙 올리브 3개 - 2등분하기
- 면수 90㎖
- 소금 약간

면 삶기

- 삶는 시간 7분
- 냄비에 물 1ℓ를 붓고, 물 양의 3% 정도의 소금을 넣어 약 2큰술 면을 삶는다. 다 삶아지기 직전에 아스파라거스를 넣고 7분이 지나면 건져서 물기를 뺀다. 면수 90㎖ 1국자분를 덜어둔다.

HOW TO MAKE

1 팬에 올리브오일과 마늘, 고추를 넣고 약한 불에 올려 가열한다. 향이 나면 안초비와 블랙 올리브를 넣고 볶다가 면수를 넣고 팬을 흔들어 잘 섞는다.
2 1에 삶은 파스타면과 아스파라거스, 문어를 넣어 섞는다.
3 면이 적당히 익으면 소금으로 간하고 그릇에 담는다.

이탈리아 요리에 자주 쓰이는 문어를 넣은 오일 파스타이다.
문어가 질겨지지 않도록 재빨리 완성해야 한다.

ROASTED SOY-CREAM PASTA

셰프의 비법이 담긴 특별 파스타
41

간장 크림소스를 곁들인 구운 파스타

ROASTED SOY-CREAM PASTA

재료(1인분)

- 스파게티 1.7~2.0mm 파스타면 80g
- 베이컨 20g - 1cm 크기로 썰기
- 양파 슬라이스 25g
- 양송이버섯 슬라이스 1개분
- 샐러드오일 2큰술

  A
  - 반숙 달걀 1개
  - 간장 1작은술
  - 우유 200㎖
  - 생크림 80㎖
  - 소금, 검은 후추, 설탕 약간씩
- 다진 마늘 1/2작은술
- 다진 파슬리 약간
- 파르메산 치즈 가루, 검은 후추 적당량씩

면 삶기

- 삶는 시간 10분
- 냄비에 물 1ℓ를 붓고, 물 양의 3% 정도의 소금을 넣어 약 2큰술 면을 삶는다. 10분이 지나면 건져서 찬물에 헹구고 키친타월에 싸서 물기를 뺀다. 볼에 넣고 샐러드오일 1큰술 분량 외을 넣어 버무린 후, 냉장고에 넣어 하룻밤 숙성시킨다.

HOW TO MAKE

1. 볼에 A를 넣고 반숙 달걀을 으깨면서 섞은 후 중탕하여 데운다.
2. 팬에 샐러드오일 1큰술을 두르고 베이컨, 양파, 양송이버섯을 넣어 중간 불에서 볶다가 1에 넣어 섞는다.
3. 다른 팬에 샐러드오일 1큰술과 마늘을 넣고 약한 불에 올려 가열하다가 향이 나면 냉장고에서 숙성시켜둔 파스타면을 풀지 않고 그대로 넣은 후 전체적으로 구운 색이 날 때까지 굽는다.
4. 3을 그릇에 담아 2를 붓고 파슬리를 뿌린다. 취향에 따라 파르메산 치즈와 검은 후추를 뿌린다.

TIPS!

- 파스타면은 풀지 않고 딱딱한 식감이 나게 굽는다.
- 반숙 달걀은 미리 만들어둔다. 날달걀을 80℃의 물에 10분간 두면 된다.

중화요리식 볶음국수를 떠올리게 하는 레시피이다.
파스타의 딱딱한 식감이 새롭다.

JAJANG-SAUCE PASTA

셰프의 비법이 담긴 특별 파스타
42

자장면풍 파스타

JAJANG-SAUCE PASTA

소스 재료(2인분)

- 다진 돼지고기 150g
- 샐러드오일 1큰술
- 다진 마늘 1/2작은술
- 첨면장 4큰술
  - ✤ 첨면장은 대두를 밀가루와 소금으로 발효시켜 만든 중국식 된장으로 단맛이 난다.
- 죽순 1/2개 - 데쳐서 다지기
- 대파 1/2대 - 다지기
- 두반장 1작은술

  A
  - 닭 육수 150㎖
  - 청주 4큰술
  - 간장 3큰술
  - 설탕 2~4큰술
  - 말린 표고버섯 슬라이스 80g 물에 불린 상태
- 소금, 후추, 참기름 약간씩
- 녹말가루 1작은술

파스타 재료(1인분)

- 스피게티니 1.6㎜ 파스타면 80g
- 소스 90㎖ 1국자분
- 대파 흰 부분 적당량 - 채썰기
- 오이 적당량 - 채썰기
- 고수기름 적당량

면 삶기

- 삶는 시간 8분
- 냄비에 물 1ℓ를 붓고, 물 양의 3% 정도의 소금을 넣어 약 2큰술 면을 삶는다. 8분이 지나면 건져서 물기를 뺀다.

HOW TO MAKE

1. 팬에 샐러드오일과 마늘, 첨면장을 넣고 약한 불에 올려 가열한다. 향이 나면 다진 고기를 덩어리째 넣고 양면을 가볍게 굽다가 풀면서 볶는다.
2. 1에 죽순을 넣어 볶다가 두반장, 다진 파를 넣고 더 볶는다. A를 넣고 양이 2/3가 될 때까지 끓인다.
3. 소금, 후추로 간하고, 녹말가루를 동량의 물에 녹여 녹말물을 만들어 넣는다. 참기름을 둘러 소스를 완성한다.
4. 삶은 파스타면을 그릇에 담고 소스를 부은 후, 채 썬 대파와 오이를 얹는다. 취향에 따라 고추기름을 두른다.

TIPS!

- 소스는 묽어야 면과 잘 섞인다. 마무리할 때 좀 뻑뻑하다 싶으면 면수를 넣어 묽게 만든다.

자장면을 파스타로 만들어보았다. 쫄깃쫄깃한 파스타면으로 만드니 더 맛있다!

CHICKEN AND LEMON CREAM PASTA

셰프의 비법이 담긴 특별 파스타
43

닭고기 레몬 크림 파스타

CHICKEN AND LEMON CREAM PASTA

재료(1인분)

- 스파게티니 1.6mm 파스타면 80g
- 닭고기가슴살 또는 다리살 1덩이 – 소금과 후추로 밑간하기
- 올리브오일 1작은술
- 다진 마늘 1/2작은술
- 햄 2장 – 1cm 폭으로 썰기

  A
  - 우유 40ml
  - 생크림 40ml
  - 다시마차 1작은술

- 소금 약간
- 검은 후추 약간
- 레몬 껍질 적당량 – 다지기

면 삶기

- 삶는 시간 7분
- 냄비에 물 1ℓ를 붓고, 물 양의 3% 정도의 소금을 넣어 약 2큰술 면을 삶는다. 7분이 지나면 건져서 물기를 뺀다.

HOW TO MAKE

1. 팬에 올리브오일을 두르고 밑간한 닭고기를 껍질이 바닥에 닿게 넣어 약한 불에서 굽는다. 구워지면 꺼내어 먹기 좋은 크기로 썬다.
2. 1의 팬에 마늘을 넣어 약한 불에 가열하고, 향이 나면 햄을 넣어 가볍게 볶는다. A를 넣고 한소끔 끓인다.
3. 2에 삶은 파스타면과 1의 닭고기를 넣고 약한 불에서 면의 익은 정도를 조절하며 끓인다.
4. 면이 적당히 익으면 소금으로 간하고 그릇에 담는다. 검은 후추와 다진 레몬 껍질을 전체적으로 뿌린다.

크림소스와 구운 닭고기 향에 다진 레몬 껍질이 의외로 잘 어울린다.

SPICY BACON TOMATO PASTA

셰프의 비법이 담긴 특별 파스타
44

매콤한 베이컨 토마토 파스타

SPICY BACON TOMATO PASTA

소스 재료(2~3인분)

- 올리브오일 약간
- 마늘 20g – 다지기
- 고추 1개 – 통썰기
- 베이컨 50g – 약 1cm 크기로 썰기
  A
    - 토마토주스 280㎖
    - 다시마차 1작은술
    - 설탕 2작은술
- 소금 약간
- 후추 적당량

파스타 재료(1인분)

- 스파게티니 1.6㎜ 파스타면 80g
- 소스 90㎖ 1국자분
- 장식용 고추 1개

면 삶기

- 삶는 시간 7분
- 냄비에 물 1ℓ를 붓고, 물 양의 3% 정도의 소금을 넣어 약 2큰술 면을 삶는다. 7분이 지나면 건져서 물기를 뺀다.

HOW TO MAKE

1. 냄비에 올리브오일과 마늘을 넣고 약한 불에 올려 가열하다가 향이 나면 통 썬 고추와 장식용 고추 파스타 재료, 베이컨을 넣고 볶는다. 장식용 고추는 익으면 꺼내 둔다.
2. 1에 A를 넣고 양이 1/2로 줄 때까지 졸인다. 맛을 보고 소금, 후추로 간하여 소스를 완성한다.
3. 팬에 소스 1국자를 넣고 약한 불에서 데우다 삶은 파스타면을 넣고 섞는다. 면이 적당히 익으면 그릇에 담고 1의 장식용 고추를 얹는다.

TIPS!

- 토마토주스는 통조림보다 완숙도가 높고 졸이면 감칠맛이 난다.
- 남은 소스는 파스타 외에 새우나 생선 소스로도 안성맞춤이다.

진한 토마토주스의 감칠맛을 사용하여 만든, 새로운 버전의 포모도로이다.

PAELLA STYLE PASTA

셰프의 비법이 담긴 특별 파스타
45

파에야풍 파스타

PAELLA STYLE PASTA

재료(1인분)

- 스파게티니 1.6mm 파스타면 80g – 건면 상태로 3~4cm 길이로 부러뜨리기
- 어패류 새우, 오징어, 가리비 등. 냉동 해산물 믹스도 가능 80~100g
- 올리브오일 1큰술
- 마늘 1쪽 10g – 다지기
- 화이트와인 1큰술

  A
  - 토마토소스 p.20 90㎖ 1국자분
  - 물 100㎖
  - 사프란 1꼬집
  - 다시마차 1작은술

  B
  - 파프리카 빨간색, 노란색 10g씩 – 2cm 크기로 깍둑썰기
  - 주키니호박 15g – 2cm 크기로 깍둑썰기
  - 아스파라거스 1개 – 3cm 길이로 어슷썰기
  - 브로콜리 15g – 작게 나누기
  - 양파 20g – 다지기
- 볶은 아몬드 슬라이스 20g
- 다진 파슬리 약간
- 소금 약간
- 후추 약간

HOW TO MAKE

1. 팬에 올리브오일과 마늘을 넣고 약한 불에 올려 가열하다가 향이 나면 어패류를 넣어 볶은 후 화이트와인을 넣는다. 어패류는 익으면 일단 꺼내둔다.
2. 1의 팬에 B를 넣고 중간 불에서 볶다가 A를 넣어 고루 섞는다.
3. 아몬드를 절구에 넣어 으깨고 3~4cm 길이로 부러뜨린 파스타면과 함께 2에 넣는다. 끓으면 불을 약하게 줄이고 상태를 보면서 물분량 외을 적당량 넣는다. 면이 적당히 익을 때까지 끓인다.
4. 1의 어패류를 넣고 소금, 후추로 간한다. 그릇에 담고 파슬리를 뿌린다.

TIPS!

- 취향에 따라 마늘 마요네즈를 곁들인다. 달걀노른자와 올리브오일을 섞은 수제 마요네즈에 다진 마늘 넣은 것을 곁들이면 더 맛있다.
- 파에야는 스페인 발렌시아 지방의 쌀 요리이다. 대개 어패류나 채소를 사프란, 토마토 등으로 간하고 쌀을 넣어 만드는데, 쌀 대신 파스타를 사용한 '피데우아'라는 파에야도 있다.

스페인 발렌시아 지방의 냄불 요리인 파에야.
쌀 대신 파스타를 사용해 '피데우아'를 재현했다.
건면 상태로 소스로 익히는 것이 관건!

MENTAIKO CARBONARA

셰프의 비법이 담긴 특별 파스타
46

명란 카르보나라

MENTAIKO CARBONARA

재료(1인분)

- 스파게티니 1.6㎜ 파스타면 80g
- A
    - 달걀노른자대 2개
    - 생크림 100㎖
    - 다시마차 1작은술
    - 파르메산 치즈 가루 1줌
- 명란 적당량
- 파르메산 치즈 가루 1큰술
- 잘게 썬 김 1줌
- 검은 후추 약간

면 삶기

- 삶는 시간 7분 30초
- 냄비에 물 1ℓ를 붓고, 물 양의 3% 정도의 소금을 넣어 약 2큰술 면을 삶는다. 7분 30초가 지나면 건져서 물기를 뺀다.

HOW TO MAKE

1. 볼에 A를 넣어 섞어둔다.
2. 팬에 1을 넣고 최대한 약한 불에서 고무주걱으로 저으며 뭉근히 끓이다가 약간 걸쭉해지면 불에서 내려 명란을 넣고 섞는다.
3. 2에 삶은 파스타면을 넣어 잔열로 섞고 파르메산 치즈를 넣어 그릇에 담는다. 잘게 썬 김과 검은 후추를 뿌린다.

TIPS!

- 만드는 과정 3에서 면을 섞을 때는 불을 가하지 않고 면의 잔열을 이용한다. 소스가 뻑뻑해지지 않도록 주의한다.

일본과 이탈리아 맛의 융합이라고나 할까?
파르메산 치즈를 더해 감칠맛이 배가되었다.

RATATOUILLE PASTA

셰프의 비법이 담긴 특별 파스타
47

라타투이 파스타

RATATOUILLE PASTA

재료(1인분)

- 스파게티니 1.6mm 파스타면 80g
- 주키니호박 3~4개 – 1cm 두께로 통썰기
- 가지 3~4개 – 1cm 두께로 반달썰기
- 파프리카 빨간색, 노란색 1/8개씩 20g – 한입 크기로 썰기
- 올리브오일 튀김용 기름 적당량
- 양파 1/4개 50g – 어슷썰기
- 토마토 통조림 1/2캔 200g
- 올리브오일 1큰술
- 다진 마늘 1/2작은술
- 타임 1줄기
- 소금 1작은술 + 약간
- 후추 1/2작은술
- 엑스트라버진 올리브오일 적당량
- 파슬리잎 1장

면 삶기

- 삶는 시간 7분 30초
- 냄비에 물 1ℓ를 붓고, 물 양의 3% 정도의 소금을 넣어 약 2큰술 면을 삶는다. 7분 30초가 지나면 건져서 물기를 뺀다.

HOW TO MAKE

1. 팬에 채소가 반 정도 잠길 정도로 올리브오일을 넣고, 가지, 주키니, 파프리카를 넣어 중간 불에서 튀긴다.
2. 다른 팬에 올리브오일과 마늘을 넣고 약한 불에서 가열하다가 향이 나면 양파를 넣어 볶고 익으면 1과 타임을 넣어 소금, 후추로 간한다.
3. 2에 토마토 통조림을 넣고 뚜껑을 덮어 수분이 없어질 정도로 약한 불에서 15~20분 정도 끓인다.
4. 삶은 파스타면을 볼에 넣고 엑스트라버진 올리브오일과 소금으로 간한다. 그릇에 담고 3을 부은 후 파슬리잎으로 장식한다.

TIPS!

- 냉파스타로 만들 수도 있다. 소스와 면을 모두 식히면 된다.

라타투이는 프랑스식 채소 스튜이다.
대표적인 프랑스식 가정 요리를 파스타 소스로 만들었다.
여름 채소가 많이 나올 때 만들어 먹으면 좋다.

MEATBALL PASTA

셰프의 비법이 담긴 특별 파스타
48

미트볼 파스타

MEATBALL PASTA

미트볼 재료(4인분)

- 다진 고기 300g
- A
  - 양파 1/4개 50g – 다지기
  - 달걀 1개
  - 빵가루 1~2큰술
  - 너트메그 1꼬집
  - 소금 1작은술
  - 후추 약간
- 박력분 적당량
- 튀김용 기름 적당량

소스 재료(4인분)

- 올리브오일 1큰술
- 마늘 1쪽 10g – 다지기
- 고추 1개
- 레드와인 1컵
- 토마토 통조림 1캔 400g
- 우스터소스 1큰술
- 월계수잎 1장

파스타 재료(1인분)

- 스파게티니 1.6mm 파스타면 80g
- 미트볼 소스 90㎖ 1국자분
- 다진 파슬리 약간

면 삶기

- 삶는 시간 7분 30초
- 냄비에 물 1ℓ를 붓고, 물 양의 3% 정도의 소금을 넣어 약 2큰술 면을 삶는다. 7분 30초가 지나면 건져서 물기를 뺀다.

HOW TO MAKE

1. 볼에 다진 고기와 A를 넣고 잘 섞은 후 적당한 크기로 동그랗게 빚는다.
2. 1에 박력분을 얇게 뿌리고 180℃ 정도의 기름에서 익은 색이 날 정도로만 가볍게 튀긴다.
3. 냄비에 올리브오일, 마늘, 고추를 넣고 약한 불에서 가열한다. 향이 나면 레드와인을 넣고 졸이다가 토마토 통조림을 넣는다.
4. 3에 2의 미트볼을 넣고 우스터소스와 월계수잎을 넣는다. 전체 양이 2/3 정도로 졸아들 때까지 끓인다.
5. 삶은 파스타면을 볼에 넣고 4의 소스 1국자를 부어 섞은 후 그릇에 담는다. 파슬리를 뿌린다.

디즈니 영화의 로맨틱한 장면에서 등장했던 파스타.
누군가와 함께 먹고 싶은 요리이다.

SAUSAGE AND BROCCOLI PASTA

셰프의 비법이 담긴 특별 파스타
49

소시지 브로콜리 파스타

SAUSAGE AND BROCCOLI PASTA

재료(1인분)

- 스파게티니 1.6㎜ 파스타면 80g
- 소시지 가능하면 생 60g – 껍질 벗기기
- 올리브오일 1큰술
- 다진 마늘 1/2작은술
- 고추 1개 – 통썰기
- 치킨 스톡 시판 제품 1/2컵
- 브로콜리 30g – 잘게 썰기
- 소금 약간
- 향초 빵가루 1큰술

향초 빵가루 재료(만들기 쉬운 분량)

- 빵가루 1줌

  A
  - 타임 생 또는 건조 약간 – 다지기
  - 로즈마리 생 또는 건조 약간
  - 파슬리 약간 – 다지기
- 엑스트라버진 올리브오일 1작은술

면 삶기

- 삶는 시간 7분
- 냄비에 물 1ℓ를 붓고, 물 양의 3% 정도의 소금을 넣어 약 2큰술 면을 삶는다. 다 삶아지기 직전에 브로콜리를 넣고 7분이 지나면 건져서 물기를 뺀다.

HOW TO MAKE

1. 먼저 향초 빵가루를 만든다. 팬에 빵가루와 A, 엑스트라버진 올리브오일을 넣고 색이 노릇해질 정도로 가볍게 볶아둔다.
2. 다른 팬에 올리브오일, 마늘, 고추를 넣고 약한 불에서 가열한다. 향이 나면 소시지를 으깨면서 가볍게 볶다가 치킨 스톡을 넣어 양이 2/3가 될 때까지 졸인다.
3. 삶은 파스타면과 브로콜리를 2에 넣고 면의 익은 정도를 조절하면서 섞는다.
4. 면이 적당히 익으면 소금으로 간하고 그릇에 담는다. 1의 향초 빵가루를 뿌린다.

으깬 소시지와 향초 빵가루를 이용하여 간단하게 매콤한 요리를 만들어보자.

SARDINE TOMATO PASTA

셰프의 비법이 담긴 특별 파스타
50

향초 빵가루를 뿌린 정어리 토마토 파스타

SARDINE TOMATO PASTA

재료(1인분)

- 스파게티니 1.6mm 파스타면 80g
- 정어리 1마리 - 살을 발라 어슷하게 3등분하기
- 올리브오일 2큰술
- 다진 마늘 1/2작은술
- 고추 약간 - 통썰기

  A
  - 안초비필레 1조각 10g
  - 다진 블랙 올리브 2큰술
  - 토마토소스 p.20 1/2컵

  B
  - 소금 약간
  - 검은 후추 약간
  - 박력분 약간
- 소금 약간
- 향초 빵가루 p.135 1큰술

면 삶기

- 삶는 시간 7분
- 냄비에 물 1ℓ를 붓고, 물 양의 3% 정도의 소금을 넣어 약 2큰술 면을 삶는다. 7분이 지나면 건져서 물기를 뺀다.

HOW TO MAKE

1. 팬에 올리브오일 1큰술, 마늘, 고추를 넣고 약한 불에 올려 가열하다가 향이 나면 A를 넣고 끓인다.
2. 정어리에 B를 뿌리고, 다른 팬에 남은 올리브오일 1큰술을 넣어 중간 불에서 달군 후 정어리를 넣어 굽는다.
3. 2를 1의 소스에 넣고 맛이 배도록 한소끔 끓인 후 정어리를 일단 꺼내둔다.
4. 3에 삶은 파스타면을 넣고 약한 불에서 섞는다. 면이 적당히 익으면 소금으로 간한다. 그릇에 담아 꺼내둔 정어리를 얹고 향초 빵가루를 뿌린다.

정어리의 맛이 스며든 토마토소스는 그것만으로 훌륭한 요리이다.
향초 빵가루 덕분에 정어리 튀김 같은 식감을 느낄 수 있다.

PORK AND BITTER GOURD PASTA

셰프의 비법이 담긴 특별 파스타
51

유자후추로 풍미를 낸 돼지고기 여주 파스타

PORK AND BITTER GOURD PASTA

재료(1인분)

- 스파게티니 1.6mm 파스타면 80g
- 돼지고기 삼겹살 슬라이스 3mm 두께 60g
- 올리브오일 1큰술
- 다진 마늘 1/2작은술
- 양파 슬라이스 1/6개분 30g
- 여주 슬라이스 2mm 두께 1/8개분 20g
- A
  - 화이트와인 3큰술
  - 간장 1큰술
  - 다시마차 1작은술
- 유자후추 적당량
  ✥ 유자후추는 유자 껍질, 소금, 고춧가루를 섞어 만든 조미료이다.
- 소금 약간
- 흰 깨 적당량

면 삶기

- 삶는 시간 7분
- 냄비에 물 1ℓ를 붓고, 물 양의 3% 정도의 소금을 넣어 약 2큰술 면을 삶는다. 7분이 지나면 건져서 물기를 뺀다.

HOW TO MAKE

1 여주는 소금분량 외으로 가볍게 문지르고 나서 끓는 물에 데친다.
2 팬에 올리브오일, 마늘을 넣고 약한 불에서 가열한다. 향이 나면 중간 불에서 돼지고기 삼겹살과 양파, 1의 여주를 넣고 볶다가 A를 넣어 잘 섞는다.
3 삶은 파스타면을 2에 넣고 약한 불에서 섞는다. 유자후추와 소금으로 간하여 그릇에 담고 흰 깨를 뿌린다.

돼지고기 삼겹살의 기름기를 유자후추로 알싸하게 잡았다.
일반 가정의 식탁에 꼭 올리고 싶은 요리이다.

SEAFOOD SALT-SAUCE PASTA

셰프의 비법이 담긴 특별 파스타
52

해산물 소금 파스타

SEAFOOD SALT-SAUCE PASTA

소스 재료(4인분)

- 청주 200㎖

  A
  - 맛국물다시, 장국 등 150㎖
  - 대파 1개 100g – 다지기
  - 마늘 1쪽 10g – 다지기

  B
  - 소금 2작은술
  - 다시마차 1작은술
  - 참기름 1작은술
  - 흰 깨 1/2작은술
  - 물엿 40g
  - 후추 약간
- 녹말가루 또는 옥수수전분 적당량

파스타 재료(1인분)

- 스파게티니 1.6㎜ 파스타면 80g
- 소스 3큰술
- 어패류새우, 가리비, 오징어 등 80~100g – 한입 크기로 썰기
- 양배추 약간 – 나박썰기
- 엑스트라버진 올리브오일 1큰술
- 콩나물 1줌
- 소금 약간
- 산파 적낭량 – 송송 썰기

면 삶기

- 삶는 시간 7분
- 냄비에 물 1ℓ를 붓고, 물 양의 3% 정도의 소금을 넣어 약 2큰술 면을 삶는다. 7분이 지나면 건져서 물기를 뺀다.

HOW TO MAKE

1. 먼저 소금 소스를 만든다. 냄비에 청주를 넣어 중약 불에 끓여 알코올을 날린 다음, A를 넣고 양이 1/5이 될 때까지 졸인다. 졸아들면 B를 넣어 전체적으로 섞고 녹말가루 또는 옥수수전분을 동량의 물분량 외에 녹여 만든 녹말물을 넣어 걸쭉하게 만든다.
2. 팬에 엑스트라버진 올리브오일을 두르고 중간 불에서 어패류를 볶다가 익으면 일단 꺼내둔다. 같은 팬에 양배추와 콩나물을 넣어 볶고 1의 소스 3큰술을 넣어 전체적으로 고루 볶는다.
3. 2에 삶은 파스타면을 넣고 약한 불에서 섞는다. 면이 적당히 익으면 소금으로 간하고 2에서 꺼내둔 어패류를 넣어 섞는다. 그릇에 담고 산파를 뿌린다.

TIPS!

- 소금 소스는 어패류 마리네나 무침, 소금 야키소바 소스로도 추천한다.

소금 소스와 어패류의 감칠맛을 머금은 파스타의 특별한 맛을 즐겨보자.

LEEK AND GINGER PASTA

셰프의 비법이 담긴 특별 파스타
53

굴소스로 버무린 파 생강 파스타

LEEK AND GINGER PASTA

재료(1인분)

- 페델리니 1.4㎜ 파스타면 80g
- 대파 5㎝ 정도 15g – 다지기
- 샐러드오일 1큰술
- 다진 마늘 1/2작은술
- 다진 생강 1/2작은술
- 굴소스 1큰술
- 물 2~3큰술
- 소금 약간
- 산파 약간 – 송송 썰기

면 삶기

- 삶는 시간 5분 30초
- 냄비에 물 1ℓ를 붓고, 물 양의 3% 정도의 소금을 넣어약 2큰술 면을 삶는다. 5분 30초가 지나면 건져서 물기를 뺀다.

HOW TO MAKE

1. 팬에 샐러드오일, 마늘, 생강을 넣어 약한 불에 올려 가열하고, 향이 나면 대파를 넣어 볶다가 굴소스를 넣는다.
2. 1에 삶은 파스타면을 넣고 물을 적당량 넣으면서 섞어 면의 익은 정도를 조절한다. 면이 적당히 익으면 소금으로 간하고 그릇에 담는다. 산파를 뿌린다.

TIPS!

- 감칠맛이 부족하면 굴소스를 추가한다.

향채소와 굴소스만 넣었는데 정말 맛있는 요리가 탄생했다.
흰 쌀밥에 구운 생선 같은 존재로 각종 메인 요리에 곁들여도 좋다.

POTATO, ANCHOVY AND OCTOPUS PASTA

POTATO, ANCHOVY AND OCTOPUS PASTA

셰프의 비법이 담긴 특별 파스타
54

감자 안초비 문어 파스타

재료(1인분)

- 스파게티니 1.6mm 파스타면 80g
- 감자 1/2개 50g – 5mm 두께로 썰어 삶아두기
- 올리브오일 1큰술
- 다진 마늘 1/2작은술
- 안초비필레 1조각 10g
- 문어 슬라이스 40~50g
- 면수 90㎖
- 소금 약간
- 다진 파슬리 약간
- 파프리카 파우더 적당량

면 삶기

- 삶는 시간 7분
- 냄비에 물 1ℓ를 붓고, 물 양의 3% 정도의 소금을 넣어 약 2큰술 면을 삶는다. 7분이 지나면 건져서 물기를 뺀다. 면수 90㎖ 1국자분를 덜어둔다.

HOW TO MAKE

1. 팬에 올리브오일, 마늘을 넣고 약한 불에서 가열하다가 향이 나면 안초비, 삶은 감자를 넣고 볶는다.
2. 1에 문어를 넣어 가볍게 볶다가 면수를 넣어 섞는다.
3. 2에 삶은 파스타면을 넣고 약한 불에서 섞는다. 면이 적당히 익으면 소금으로 간한다. 그릇에 담고 파슬리, 파프리카 파우더를 뿌린다.

감자와 문어의 조합에 안초비의 짠맛과 감칠맛이 잘 어울린다.
파프리카 파우더는 과감히 뿌려 풍미를 더한다.

PORK AND SQUASH PASTA

PORK AND SQUASH PASTA

셰프의 비법이 담긴 특별 파스타
55

허브 향이 나는 돼지고기 단호박 두유 파스타

재료(1인분)

- 스파게티니 1.6㎜ 파스타면 80g
- 다진 돼지고기 100g
- 단호박 50g - 1㎝ 크기로 깍둑썰기
- 올리브오일 1큰술
- 마늘 1쪽 10g - 다지기
- 고추 약간 - 통썰기

  A
  - 두유 1/2컵
  - 다시마차 1작은술
  - 허브로즈마리 등 약간 - 다지기
- 소금 1/2작은술

면 삶기

- 삶는 시간 7분
- 냄비에 물 1ℓ를 붓고, 물 양의 3% 정도의 소금을 넣어 약 2큰술 면을 삶는다. 7분이 지나면 건져서 물기를 뺀다.

HOW TO MAKE

1 단호박은 전자레인지 또는 찜통에 넣어 익혀둔다.
2 팬에 올리브오일과 마늘, 고추를 넣고 약한 불에 올려 가열하다가 향이 나면 돼지고기를 덩어리째 넣는다. 양면에 구운 색이 나면 풀어서 전체적으로 볶는다.
3 2에 1과 A를 넣고 끓인다.
4 불을 약하게 줄이고 삶은 파스타면을 넣어 소스를 스며들게 하면서 익은 정도를 조절한다. 면이 적당히 익으면 소금으로 간하고 그릇에 담는다.

두유와 단호박의 부드러운 맛에 로즈마리 등의 허브를 넣어 풍미를 더했다.
부드러운 소스가 무척 맛있다.

EGGPLANT AND GRILLED CHICKEN PASTA

셰프의 비법이 담긴 특별 파스타
56

구운 가지 훈제 치킨 파스타

EGGPLANT AND GRILLED CHICKEN PASTA

재료(1인분)

- 스파게티니 1.6㎜ 파스타면 80g
- 가지중 1개 80g
- 훈제 치킨 시판 제품 적당량
- 올리브오일 1큰술
- 다진 마늘 1/2작은술
- 고추 약간 – 통썰기

  A
  - 면수 90㎖
  - 다시마차 1작은술
- 소금 약간
- 푸른 차조기잎 2장 – 잘게 썰기

면 삶기

- 삶는 시간 7분
- 냄비에 물 1ℓ를 붓고, 물 양의 3% 정도의 소금을 넣어 약 2큰술 면을 삶는다. 7분이 지나면 건져서 물기를 뺀다. 면수 90㎖ 1국자분를 덜어둔다.

HOW TO MAKE

1. 가지는 세로로 칼집을 내고 직화 또는 생선구이 그릴 등에서 통째로 굽는다. 가지 껍질이 전체적으로 타면 꺼내어 손으로 껍질을 벗긴 다음, 한입 크기로 썬다.
2. 팬에 올리브오일, 마늘, 고추를 넣고 약한 불에서 가열하다가 향이 나면 A를 넣고 한소끔 끓인다. 훈제 치킨과 1의 가지를 넣고 섞는다.
3. 삶은 파스타면을 넣고 약한 불에서 섞는다. 면이 적당히 익으면 소금으로 간하고 그릇에 담는다. 푸른 차조기잎을 얹는다.

TIPS!

- 훈제 치킨은 졸참나무, 사과, 떡갈나무 칩으로 훈제된 것이 좋다.

구운 가지와 훈제 치킨의 훈제 향이 최고의 향신료가 된다.
신선한 푸른 차조기잎은 감초 역할을 톡톡히 한다.

AQUAPAZZA STYLE PASTA

셰프의 비법이 담긴 특별 파스타
57

아쿠아파차풍 도미 수프 파스타

AQUAPAZZA STYLE PASTA

재료(1인분)

- 페델리니 1.4㎜ 파스타 80g
- 도미껍질 붙은 토막 60~70g – 2~3조각으로 썰어 소금, 후추로 밑간하기

  A
  - 바지락 5~6개
  - 가리비, 오징어 등 어패류 적당량 없어도 무방
  - 블랙 올리브 2~3개 – 2등분하기
  - 말린 토마토 2~3개
  - 케이퍼 1/2작은술
  - 물 1/2컵
  - 다시마차 1작은술
- 올리브오일 1큰술
- 소금 약간
- 엑스트라버진 올리브오일 마무리용 약간
- 다진 파슬리 약간

면 삶기

- 삶는 시간 5분
- 냄비에 물 1ℓ를 붓고, 물 양의 3% 정도의 소금을 넣어 약 2큰술 면을 삶는다. 5분이 지나면 건져서 물기를 뺀다.

HOW TO MAKE

1. 팬에 올리브오일을 두르고 중간 불에서 도미를 껍질부터 굽는다. 구운 색이 나면 뒤집고 A를 넣어 끓인다.
2. 바지락 입이 열리고 도미가 익으면 어패류는 일단 모두 건져낸다.
3. 불을 약하게 줄이고 2에 삶은 파스타면을 넣어 익은 정도를 조절하면서 섞는다. 면이 적당히 익으면 소금으로 간하고 엑스트라버진 올리브오일을 두른다.
4. 그릇에 담고 2에서 건져낸 어패류를 곁들이고 파슬리를 뿌린다.

이탈리아의 생선찜 요리인 이쿠아파사를 응용해 파스타 요리를 만들었다.
도미 껍질을 구운 향과 어패류의 감칠맛이 수프에 듬뿍 녹아들어 고급스러운 맛을 선사한다.
수프를 듬뿍 머금은 가는 면을 한입 베어 물 때의 느낌은 그야말로 환상적이다.

CLAM CHOWDER SOUP PASTA

셰프의 비법이 담긴 특별 파스타
58

바지락 차우더 수프 파스타

CLAM CHOWDER SOUP PASTA

수프 재료(4인분)

- 바지락 400~500g - 해감하기
  A
  - 화이트와인 50㎖
  - 물 50㎖
- 양파 1/2개 ^{100g} - 1cm 크기로 깍둑썰기
- 당근 1/3개 ^{50g} - 1cm 크기로 깍둑썰기
- 감자 1개 ^{100g} - 1cm 크기로 깍둑썰기
- 베이컨 70g - 1cm 크기로 깍둑썰기
- 박력분 1큰술
- 버터 10g
  B
  - 치킨 스톡시판 제품 100㎖
  - 다시마차 1작은술
- 우유 200㎖
- 녹말가루 또는 옥수수전분 적당량
- 소금 1/2작은술
- 후추 약간

파스타 재료(1인분)

- 페델리니 $^{1.4mm\ 파스타면}$ 80g
- 수프 90㎖ ^{1국자분}
- 엑스트라버진 올리브오일 적당량
- 소금 약간
- 다진 파슬리 약간

면 삶기

- 삶는 시간 7분
- 냄비에 물 1ℓ를 붓고, 물 양의 3% 정도의 소금을 넣어약 ^{2큰술} 면을 삶는다. 7분이 지나면 건져서 물기를 뺀다.

HOW TO MAKE

1 냄비에 바지락과 A를 넣고 뚜껑을 덮어 중간 불로 가열한다. 바지락 입이 열리면 불을 끄고 바지락을 꺼내 살을 발라낸다. 냄비에 남은 바지락 국물도 키친타월로 걸러 따로 둔다.

2 냄비에 버터를 넣어 약한 불에서 베이컨을 볶다가 양파, 당근, 감자를 넣고 더 볶는다.

3 2에 박력분을 넣어 가볍게 볶다가 1의 바지락 국물과 B를 넣어 졸인다.

4 채소가 익으면 우유를 넣고 3~4분 더 졸인다. 녹말가루 또는 옥수수전분을 동량의 물에 녹여 녹말물을 만들어 넣고, 소금, 후추로 간한 후 1의 바지락 살을 넣어 수프를 완성한다.

5 삶은 파스타면을 볼에 넣고 엑스트라버진 올리브오일과 소금으로 간하여 그릇에 담는다. 수프 1국자를 붓고 파슬리를 뿌린다.

미국의 대표적인 가정 요리로 생선이나 조개, 양파, 감자 등을 넣고 끓인 차우더 수프!
바지락의 감칠맛이 그득한 차우더 수프를 파스타로 만들었다. 보기에도 먹음직스러운 요리이다.

CREAMY CORN PASTA

셰프의 비법이 담긴 특별 파스타
59

옥수수 크림수프 파스타

CREAMY CORN PASTA

수프 재료(6인분)

- 크림 옥수수 통조림 1캔 400g
- 생크림 2큰술
- 양파 슬라이스 1/2개분 100g
- 소금 약간
- 치킨 스톡 시판 제품 1컵
- 후추 약간
- 우유 1/2컵
- 올리브오일 1큰술

파스타 재료(1인분)

- 스파게티니 1.6mm 파스타면 80g
- 소스 90㎖ 1국자분
- 베이컨 30g - 1cm 크기로 깍둑썰기
- 엑스트라버진 올리브오일 1큰술
- 소금 약간
- 다진 파슬리 약간

면 삶기

- 삶는 시간 7분 30초
- 냄비에 물 1ℓ를 붓고, 물 양의 3% 정도의 소금을 넣어 약 2큰술 면을 삶는다. 7분 30초가 지나면 건져서 물기를 뺀다.

HOW TO MAKE

1 팬에 올리브오일을 두르고 양파를 볶는다. 양파가 익으면 크림 옥수수와 치킨 스톡을 넣고 가볍게 끓인다. 불을 끄고 한 김 식힌다.

2 1을 믹서에 넣어 퓨레 상태로 갈고 냄비에 넣는다. 우유와 생크림을 넣고 끓이고, 살짝 끓으면 소금, 후추로 간한다.

3 팬에 베이컨을 넣고 약한 불에서 바삭해질 때까지 굽는다. 키친타월에 얹어 기름을 뺀다.

4 삶은 파스타면을 볼에 넣고 엑스트라버진 올리브오일과 소금으로 간한다. 그릇에 담아 소스를 붓고, 3의 베이컨과 파슬리를 뿌린다.

아이부터 어른까지 모두 좋아하는 옥수수 크림수프!
파스타에 옥수수의 단맛이 어우러지니 더 맛있다.

GREEN-LAVER AND PLUM PASTA

셰프의 비법이 담긴 특별 파스타
60

파래 매실 수프 파스타

GREEN-LAVER AND PLUM PASTA

재료(1인분)

- 페델리니 1.4㎜ 파스타면 80g
- **A**
    - 파래건조 적당량
    - 다시마차 1작은술
    - 맛국물 다시, 장국 등 1/2컵
- 우메보시 1/2개분 - 씨를 제거하고 두드리기
- 올리브오일 1큰술
- 마늘 1/2쪽 5g - 다지기
- 고추 약간 - 통썰기
- 소금 약간
- 검은 후추 약간
- 엑스트라버진 올리브오일 마무리용 1큰술

면 삶기

- 삶는 시간 5분 30초
- 냄비에 물 1ℓ를 붓고, 물 양의 3% 정도의 소금을 넣어 약 2큰술 면을 삶는다. 5분 30초가 지나면 건져서 물기를 뺀다.

HOW TO MAKE

1. 팬에 마늘과 고추, 올리브오일을 넣고 약한 불에서 가열하다가 향이 나면 A를 넣어 한소끔 끓이고 불을 끈다.
2. 삶은 파스타면과 두드린 우메보시를 1에 넣고 소금, 검은 후추로 간한다.
3. 그릇에 담고 엑스트라버진 올리브오일을 두른다.

TIPS!

- 파래가 없으면 김을 써도 된다.

파래의 짭짤한 향을 우메보시로 상큼하게 마무리했다.
식욕이 없을 때 입맛을 돋우는 요리이다.

CURRY-SOUP PASTA

셰프의 비법이 담긴 특별 파스타
61

카레 수프 파스타

CURRY-SOUP PASTA

재료(1인분)

- 페델리니 1.4mm 파스타면 80g
- 올리브오일 2큰술
- 다진 마늘 1/2작은술
- 고추 약간 – 통썰기

  A
  - 말린 바질 1꼬집
  - 카레가루 1작은술
  - 치킨 스톡 시판 제품 1/2컵

  B
  - 레드카레 페이스트 시판 제품 1/2작은술
  - 나시고랭 페이스트 시판 제품 1/2작은술
  - 지게미 1큰술
  - 다시마차 1/2작은술
- 옥수수전분 1큰술
- 파프리카 슬라이스 빨간색, 노란색 5g씩
- 소금 약간
- 후추 약간
- 다진 파슬리 약간

면 삶기

- 삶는 시간 5분 30초
- 냄비에 물 1ℓ를 붓고, 물 양의 3% 정도의 소금을 넣어 약 2큰술 면을 삶는다. 5분 30초가 지나면 건져서 물기를 뺀다.

HOW TO MAKE

1 냄비에 올리브오일 1큰술, 마늘, 고추를 넣어 익히고 향이 나면 A를 넣어 한소끔 끓인 다음, B도 넣고 잘 섞는다. 동량의 물분량 외에 녹인 옥수수전분을 넣고 걸쭉하게 만든다.

2 팬에 올리브오일 1큰술을 둘러 파프리카를 볶다가 소금, 후추로 간한다.

3 삶은 파스타면을 그릇에 담고 1을 붓는다. 2를 얹고 파슬리를 뿌린다.

TIPS!

- 레드카레 페이스트나 나시고랭 페이스트는 수입 식품점에서 구입할 수 있다. 중화요리에서 매운맛을 내는 용도로 사용하는 XO 소스로 대용해도 된다.

감칠맛이 풍부한 여러 페이스트와 술을 거르고 남은 찌꺼기인 지게미를 이용하여
대표적인 가정 요리인 카레를 이국적인 요리로 만들었다.

PART 03

어머니의 손맛에 셰프의 한 수를 더한

특별하고 새로운
가정식 파스타

OMELETTE NAPOLITAN PASTA

특별하고 새로운 가정식 파스타
62

오믈렛 나폴리탄 파스타

OMELETTE NAPOLITAN PASTA

파스타 재료(1인분)

- 스파게티니 1.6mm 파스타면 80g
- 양파 슬라이스 1/4개분 50g
- 양송이버섯 슬라이스 1개분
- 햄 30g - 5mm 크기로 썰기
- 피망 1/2개 20g - 5mm 폭으로 썰기
- 토마토케첩 90㎖ 1국자분
- 우스터간장 우스터소스와 간장을 같은 비율로 섞은 것 1큰술
- 무염버터 1작은술
- 샐러드오일 1큰술

소스 재료(1인분)

A
- 달걀대 2개
- 생크림 1/4컵
- 소금 1/2작은술
- 후추 적당량
- 무염버터 1큰술

마무리용

- 다진 파슬리 약간
- 토마토케첩, 소스 적당량씩

면 삶기

- 삶는 시간 7분
- 냄비에 물 1ℓ를 붓고, 물 양의 3% 정도의 소금을 넣어 약 2큰술 면을 삶는다. 7분이 지나면 건져서 물기를 뺀다.

HOW TO MAKE

1 46쪽을 참고하여 나폴리탄 파스타를 완성해 그릇에 담아둔다.
2 소스를 만든다. 볼에 A를 넣고 젓가락으로 잘 섞는다. 팬에 버터를 넣고 불에 올려 달군 후 버터가 녹기 시작하면 약한 불에서 A를 흘려 넣는다. 고무주걱으로 천천히 저으면서 반숙 상태의 스크램블 에그를 만든다.
3 1에 2를 덮듯이 얹는다. 파슬리를 뿌리고 취향대로 토마토케첩이나 소스를 곁들인다.

토마토케첩으로 향긋하게 조리한 나폴리탄 파스타를 오믈렛으로 감쌌다.
자꾸만 손이 가는 요리이다.

JAPANESE PEPERONCINO PASTA

특별하고 새로운 가정식 파스타
63

달걀을 넣은
일본식 페페론치노 수프 파스타

JAPANESE PEPERONCINO PASTA

재료(1인분)

- 페델리니 1.4mm 파스타면 80g
- 맛국물 다시, 장국 등 1컵
- 달걀물 대 1개분
- 올리브오일 적당량
- 마늘 슬라이스 1/2쪽분 5g
- 고추 1꼬집 - 통썰기
- 소금 약간
- 후추 약간
- 산파 약간 - 송송 썰기

면 삶기

- 삶는 시간 5분
- 냄비에 물 1ℓ를 붓고, 물 양의 3% 정도의 소금을 넣어 약 2큰술 면을 삶는다. 5분이 지나면 건져서 물기를 뺀다.

HOW TO MAKE

1 팬에 올리브오일, 마늘, 고추를 넣고 약한 불에 올려 가열하다 향이 나면 맛국물을 넣는다.
2 1에 달걀물을 흘려 넣고 삶은 파스타면을 넣어 섞는다. 약한 불에서 데우다가 소금, 후추로 간한다. 그릇에 담고 산파를 뿌린다.

달걀을 풀어 넣은 국수의 느낌을 살렸다.
자칫 맛이 심심할 수 있는 부분을 고추와 후추의 매운맛으로 잡았다.

BEEF SUKIYAKI PASTA

특별하고 새로운 가정식 파스타
64

소고기 스키야키 파스타

BEEF SUKIYAKI PASTA

소스 재료(3인분)

- 간장 2큰술
- 설탕 80g
- 다시간장 2큰술
    - ✣ 다시간장은 양조간장에 가다랑어포, 다시마 등을 넣고 만든 간장으로 대개 농축되어 있어 희석하여 사용한다. 쯔유로 대체해도 된다.
- 농축 가츠오다시 시판 제품 2작은술
    - ✣ 가츠오다시는 가다랑어포 육수이다. 참치 농축액 등으로 대체해도 된다.
- 맛술 1컵
- 다시마차 1큰술
- 우스터소스 2큰술
- 물 2큰술

파스타 재료(1인분)

- 스파게티니 1.6mm 파스타면 80g
- 소고기 슬라이스 스키야키용 1~2장
- 파프리카 슬라이스 빨간색, 노란색 약간씩
- 양배추 약간 – 15mm 크기로 나박썰기
- 양파 슬라이스 약간
- 소스 3큰술
- 튀김 부스러기 1꼬집
- 샐러드오일 1큰술
- 산파 적냥량 – 송송 썰기

면 삶기

- 삶는 시간 7분
- 냄비에 물 1ℓ를 붓고, 물 양의 3% 정도의 소금을 넣어 약 2큰술 면을 삶는다. 7분이 지나면 건져서 물기를 뺀다.

HOW TO MAKE

1. 먼저 소스를 만든다. 냄비에 소스 재료를 모두 넣고 중간 불로 가열해 양이 2/3 정도가 될 때까지 졸인다.
2. 팬에 샐러드오일을 두르고 양배추, 양파, 파프리카를 넣고 볶다가 1의 소스 2큰술을 넣는다.
3. 2에 삶은 파스타면과 튀김 부스러기를 넣고 면의 익은 정도를 조절하면서 약한 불에서 섞는다. 면이 적당히 익으면 그릇에 담는다.
4. 다른 팬에서 소고기를 살짝 굽고 소스 1큰술을 묻혀서 3의 파스타 위에 얹는다. 산파를 듬뿍 뿌린다.

TIPS!

- 고기를 구울 때, 마블링이 좋은 고기라면 상관없지만 지방이 적은 살코기나 수입 소고기인 경우에는 기름 1작은술 정도를 둘러 굽는다.
- 취향에 따라 생강 초절임이나 잘게 썬 김 등을 곁들여도 맛있다.

최상급 소고기와 달콤짭조름한 소스!
소고기 스키야키가 파스타에도 어울린다는 새로운 발견에 놀랄 것이다.

JAPANESE MEAT-SAUCE PASTA

특별하고 새로운 가정식 파스타

65

닭고기와 날달걀을 곁들인 일본식 미트소스 파스타

JAPANESE MEAT-SAUCE PASTA

재료(1인분)

- 스파게티니 1.6㎜ 파스타면 80g
- 다진 닭고기 60g
- 올리브오일 약간

  A
  - 간장 2큰술
  - 설탕 1큰술
  - 맛술 1큰술
  - 청주 1큰술
  - 생강즙 약간
- 녹말가루 또는 옥수수전분 약간
- 달걀노른자 1개
- 잘게 썬 김 적당량

면 삶기

- 삶는 시간 7분 30초
- 냄비에 물 1ℓ를 붓고, 물 양의 3% 정도의 소금을 넣어 약 2큰술 면을 삶는다. 7분 30초가 지나면 건져서 물기를 뺀다.

HOW TO MAKE

1. 팬에 올리브오일을 두르고 다진 닭고기를 볶다가 A를 넣어 섞는다. 녹말가루 또는 옥수수전분을 동량의 물 분량 외에 녹여 만든 녹말물을 넣어 걸쭉하게 만든다.
2. 삶은 파스타면을 그릇에 담고 1을 붓는다. 가운데를 움푹하게 만들고 달걀노른자를 얹은 후 잘게 썬 김을 뿌린다.

짭조름하게 조리한 닭고기를 듬뿍 뿌린다.
그 위에 얹은 탱글탱글한 달걀노른자가 진한 소스 역할을 하며 맛을 배가시킨다.

STEWED BEEF TENDON PASTA

특별하고 새로운 가정식 파스타
66

파를 듬뿍 얹은
소 힘줄 조림 파스타

STEWED BEEF TENDON PASTA

소 힘줄 조림 재료(8인분)

- 소 힘줄 500g

  A
  - 물 400㎖
  - 설탕 90g
  - 청주 150㎖
  - 맛술 90㎖
  - 간장 120㎖
  - 생강 1/2쪽 5g – 채썰기
  - 대파 푸른 부분 1줌 – 송송 썰기

파스타 재료(1인분)

- 스파게티니 1.6㎜ 파스타면 80g
- 소 힘줄 조림 50~60g
- 조림 국물 90㎖ 1국자분
- 소금 1/2작은술
- 올리브오일 1큰술
- 실파 2큰술 – 송송 썰기
- 옥수수전분 적당량
- 생강 약간 – 채썰기

면 삶기

- 삶는 시간 7분 30초
- 냄비에 물 1ℓ를 붓고, 물 양의 3% 정도의 소금을 넣어 약 2큰술 면을 삶는다. 7분 30초가 지나면 건져서 물기를 뺀다.

HOW TO MAKE

1 냄비에 물을 끓이고 소 힘줄을 삶는다.
2 다른 냄비에 1의 삶은 소 힘줄과 A를 넣어 끓인다. 끓어오르면 불을 약하게 줄이고 거품을 걷어내면서 소 힘줄이 부드러워질 때까지 끓인다.
3 2의 소 힘줄을 꺼내서 먹기 좋은 크기로 썰고 50~60g을 작은 냄비에 넣는다. 조림 국물 1국자도 넣어 한소끔 더 끓인다. 옥수수전분을 동량의 물 분량 외에 녹여 만든 전분물을 넣어 걸쭉하게 만든다.
4 볼에 삶은 파스타면을 넣고 소금과 올리브오일로 간하여 그릇에 담는다.
5 3의 소 힘줄을 얹고 조림 국물을 전체적으로 부은 후 실파를 곁들이고 생강을 얹는다.

TIPS!

- 소 힘줄 조림은 끓인 후 반나절에서 하루 정도 숙성시켜야 맛있다. 무와 함께 끓여도 좋다.

소 힘줄 조림은 밥과 찰떡궁합인데, 밥반찬뿐만 아니라 파스타 소스로도 그만이다.

SOY-SAUCE CARBONARA

SOY-SAUCE CARBONARA

특별하고 새로운 가정식 파스타
67

훈제 간장으로 풍미를 낸 카르보나라

재료(1인분)

- 스파게티니 1.6mm 파스타면 80g

  A
  - 달걀대 1개
  - 다시마차 1작은술
  - 올리브오일 1큰술
  - 소금 약간
- 달걀노른자 1개
- 훈제 간장 1작은술
- 파르메산 치즈 가루 1큰술
- 검은 후추 약간

면 삶기

- 삶는 시간 7분 30초
- 냄비에 물 1ℓ를 붓고, 물 양의 3% 정도의 소금을 넣어 약 2큰술 면을 삶는다. 7분 30초가 지나면 건져서 물기를 뺀다.

HOW TO MAKE

1. 볼에 A를 넣고 섞는다.
2. 1에 삶은 파스타면을 넣고 잔열로 섞은 후 그릇에 담는다.
3. 2의 가운데에 달걀노른자를 얹고 훈제 간장을 전체적으로 뿌린다. 파르메산 치즈와 검은 후추를 뿌린다.

TIPS!

- 훈제 간장은 단맛이 나는 간장이나 맛간장, 시판 국수 장국으로 대신해도 된다.

날달걀을 얹은 파스타. 파르메산 치즈와 간장의 조합으로 완성한다.

ANKAKE STYLE PASTA

특별하고 새로운 가정식 파스타
68

안카케풍 파스타

ANKAKE STYLE PASTA

재료(1인분)

- 스파게티니 1.6㎜ 파스타면 80g

  A
  - 새우소 2마리
  - 가리비 1개 – 깍둑썰기
  - 바지락 5~6개 – 해감하기
  - 게 약간
- 다진 양파 1큰술
- 바질 2장 정도 – 다지기
- 올리브오일 1큰술
- 다진 마늘 1/2작은술
- 고추 1/2개 – 통썰기

  B
  - 화이트와인 1큰술
  - 물 1/2컵
- 파프리카 빨간색, 노란색 1작은술씩 – 7㎜ 크기로 깍둑썰기
- 브로콜리 1큰술 – 작게 썰기
- 다시마차 1작은술
- 녹말가루 또는 옥수수전분 적당량
- 소금 약간
- 간장 1작은술
- 엑스트라버진 올리브오일 마무리용 적당량
- 나진 파슬리 1꼬집

면 삶기

- 삶는 시간 7분
- 냄비에 물 1ℓ를 붓고, 물 양의 3% 정도의 소금을 넣어 약 2큰술 면을 삶는다. 7분이 지나면 건져서 물기를 뺀다.

HOW TO MAKE

1. 팬에 올리브오일과 마늘, 고추를 넣고 약한 불에 올려 가열하다가 향이 나면 A와 양파, 바질을 넣고 볶는다.
2. 1에 B를 넣고 한소끔 끓으면 어패류를 일단 건져낸다. 바지락은 살을 발라둔다.
3. 2에 파프리카, 브로콜리를 넣고 볶다가 다시마차를 넣어 간한다. 녹말가루 또는 옥수수전분을 동량의 물 분량 외에 녹여 만든 녹말물을 넣고 걸쭉하게 만든다.
4. 3에 어패류를 다시 넣고 소금으로 간한다.
5. 4에 삶은 파스타면을 넣고 잘 섞는다.
6. 면이 적당히 익으면 간장과 엑스트라버진 올리브오일을 둘러 간하고 그릇에 담는다. 파슬리를 뿌린다.

녹말가루로 걸쭉하게 만든 소스를 얹은 요리인 안카케는 중화요리 느낌이 강하다.
은은한 바질 향과 올리브오일 덕분에 이 요리만큼은 새로운 느낌으로 완성됐다.

PEPERONCINO PASTA ADDED GREEN LAVER

특별하고 새로운 가정식 파스타
69

멸치 파래 페페론치노 파스타

PEPERONCINO PASTA ADDED GREEN LAVER

재료(1인분)

- 스파게티니 1.6mm 파스타면 80g
- 올리브오일 1큰술
- 다진 마늘 1/2작은술
- 고추 약간 - 통썰기
- 물 90㎖ 1국자분
- 다시마차 1작은술
- 멸치 1줌
- 소금 약간
- 파래건조 적당량

면 삶기

- 삶는 시간 7분
- 냄비에 물 1ℓ를 붓고, 물 양의 3% 정도의 소금을 넣어 약 2큰술 면을 삶는다. 7분이 지나면 건져서 물기를 뺀다.

HOW TO MAKE

1 팬에 올리브오일, 마늘, 고추를 넣고 약한 불에 올려 가열하다가 향이 나면 물과 다시마차를 넣고 섞는다.
2 삶은 파스타면과 멸치를 1에 넣고 약한 불에서 면의 익은 정도를 조절하면서 섞는다.
3 면이 적당히 익으면 소금으로 간하고 그릇에 담는다. 파래를 전체적으로 뿌린다.

일본식 페페론치노 파스타에 멸치와 파래로 풍미를 더했다.
국수를 먹듯 후루룩 먹고 싶어진다.

STEWED BEEF AND POTATO PASTA

특별하고 새로운 가정식 파스타
70

소고기 감자 조림 파스타

STEWED BEEF AND POTATO PASTA

소스(소고기 감자 조림) 재료(4인분)

- 소고기 슬라이스 100g
- 양파 1/2개 100g – 어슷썰기
- 감자 3개 300g – 대강 썰기
- 당근 1/2개 80g – 대강 썰기

  A
  - 맛국물 다시, 장국 등 2컵
  - 청주 3큰술
  - 설탕 3큰술
  - 맛술 2큰술
  - 간장 3큰술
- 올리브오일 1큰술

파스타 재료(1인분)

- 스파게티니 1.6mm 파스타면 80g
- 소스 90㎖ 1국자분
- 산파 약간 – 송송 썰기
- 소금 약간
- 올리브오일 적당량

면 삶기

- 삶는 시간 8분
- 냄비에 물 1ℓ를 붓고, 물 양의 3% 정도의 소금을 넣어 약 2큰술 면을 삶는다. 8분이 지나면 건져서 물기를 뺀다.

HOW TO MAKE

1. 냄비에 올리브오일을 두르고 소고기, 양파, 감자, 당근을 넣어 볶는다.
2. 1에 A를 넣고 뚜껑을 덮어 약한 불에서 20~25분 정도 끓인다.
3. 완성된 2의 소스 1국자를 그릇에 담는다.
4. 삶은 파스타면을 볼에 넣고 소금과 올리브오일로 간한 다음, 3의 그릇에 담는다. 2의 소스 약간 분량 외과 올리브오일을 두르고 산파를 뿌린다.

가정 요리 중 가장 대표적인 소고기 감자 조림을
올리브오일로 마무리하면 그럴싸한 파스타 소스가 된다.

CHICKEN AND LEEK SOY-SAUCE PASTA

특별하고 새로운 가정식 파스타
71

닭가슴살과 구운 파를 곁들인 간장 파스타

CHICKEN AND LEEK SOY-SAUCE PASTA

재료(1인분)

- 스파게티니 1.6mm 파스타면 80g
- 닭가슴살 1덩이 50g
- 소금 약간
- 후추 약간
- 청주 2큰술
- 대파 10cm 정도 30g – 2cm 길이로 어슷썰기
- 샐러드오일 1큰술
- 올리브오일 1큰술
- 다진 마늘 1/2작은술
- 고추 약간 – 통썰기
- 면수 90㎖
- 다시마차 1/2작은술
- 아몬드파우더 2큰술
- 간장 1큰술

면 삶기

- 삶는 시간 7분
- 냄비에 물 1ℓ를 붓고, 물 양의 3% 정도의 소금을 넣어 약 2큰술 면을 삶는다. 7분이 지나면 건져서 물기를 뺀다. 면수 90㎖ 1국자분 를 덜어둔다.

HOW TO MAKE

1. 내열 그릇에 소금, 후추를 뿌린 닭고기를 넣고 청주를 뿌려 랩을 씌우고 전자레인지에서 익힌 다음, 먹기 좋은 크기로 썰어둔다.
2. 팬에 샐러드오일을 두르고 대파를 굽는다.
3. 다른 팬에 올리브오일, 마늘, 고추를 넣고 약한 불에서 가열하다가 향이 나면 면수와 다시마차를 넣고 섞는다.
4. 3에 1과 2, 삶은 파스타면을 넣고 면의 익은 정도를 조절하면서 약한 불에서 섞는다.
5. 간장과 아몬드파우더를 넣어 간하고 그릇에 담는다. 취향에 따라 아몬드파우더를 더 뿌린다.

닭가슴살과 구운 파에 아몬드파우더를 더했다.
담백하고 순한 그 맛을 잊을 수 없을 것이다.

STIR-FRIED CABBAGE AND PORK PASTA

특별하고 새로운 가정식 파스타
72

양배추 돼지고기 볶음 파스타

STIR-FRIED CABBAGE AND PORK PASTA

소스 재료(만들기 쉬운 분량)

- 두반장 1큰술
- 첨면장 2큰술
  - ✣ 첨면장은 대두를 밀가루와 소금으로 발효시켜 만든 중국식 된장으로 단맛이 난다.
- 라조장 1큰술
- 샐러드오일 1큰술
- 다진 마늘 1작은술

파스타 재료(1인분)

- 스파게티니 1.6㎜ 파스타면 80g
- 돼지고기 등심 60g – 먹기 좋은 크기로 썰기

  A
  - 간장 1큰술
  - 청주 1큰술
  - 다진 생강 약간
  - 소금 1/2작은술
  - 녹말가루 약간
- 양배추 40g – 먹기 좋은 크기로 썰기
- 피망 1개 – 먹기 좋은 크기로 썰기
- 소스 2큰술
- 면수 3큰술
- 샐러드오일 적당량

면 삶기

- 삶는 시간 7분
- 냄비에 물 1ℓ를 붓고, 물 양의 3% 정도의 소금을 넣어 약 2큰술 면을 삶는다. 7분이 지나면 건져서 물기를 뺀다. 면수 3큰술을 덜어둔다.

HOW TO MAKE

1 볼에 소스 재료를 모두 넣고 섞어서 소스를 만들어둔다.
2 다른 볼에 돼지고기를 넣고 A를 넣어 밑간을 한다.
3 팬에 샐러드오일을 두르고 2와 양배추, 피망을 넣고 볶는다.
4 3에 1의 소스 2큰술과 면수를 넣고 섞은 다음, 삶은 파스타면을 넣고 약한 불에서 섞는다. 면이 적당히 익으면 그릇에 담는다.

TIPS!

- 두반장은 붉은 된장으로 대신해도 된다.
- 남은 소스는 구운 닭고기 소스나 채소, 새우, 닭고기를 속재료로 넣어 감싼 토르티야 소스로 사용해도 좋다.

돼지고기와 채소를 볶은 중화요리인 후이궈러우 소스를 이용했다.
밥반찬으로도 인기 있는 매콤한 맛! 후이궈러우 소스가 파스타에 이렇게 잘 어울릴 줄이야!
정말 놀라운 맛이다.

CHINESE CABBAGE AND HAM PASTA

특별하고 새로운 가정식 파스타
73

배추 햄 크림 파스타

CHINESE CABBAGE AND HAM PASTA

재료(1인분)

- 스파게티니 1.6mm 파스타면 80g
- 배추 1장 – 마구 썰기
- 햄 3장 – 채썰기
- 올리브오일 1큰술
- 다진 마늘 1/2작은술

  A
  - 우유 1/2컵
  - 다시마차 1/2작은술
- 소금 1/2작은술
- 검은 후추 약간
- 녹말가루 또는 옥수수전분 2작은술
- 엑스트라버진 올리브오일 마무리용 적당량

면 삶기

- 삶는 시간 7분
- 냄비에 물 1ℓ를 붓고, 물 양의 3% 정도의 소금을 넣어 약 2큰술 면을 삶는다. 7분이 지나면 건져서 물기를 뺀다.

HOW TO MAKE

1 팬에 올리브오일과 마늘을 넣고 약한 불에서 가열하다가 향이 나면 햄과 배추를 넣고 센 불에서 볶는다.

2 1에 A를 넣고 4~5분 정도 끓이다가 소금, 검은 후추로 간한다. 녹말가루 또는 옥수수전분을 동량의 물 분량 외에 녹여 만든 녹말물을 넣어 약간 걸쭉하게 만든다.

3 불을 약하게 줄이고 2에 삶은 파스타면을 넣어 면의 익은 정도를 조절하면서 섞는다. 면이 적당히 익으면 그릇에 담는다. 엑스트라버진 올리브오일을 두르고 검은 후추를 뿌린다.

친근한 식재료로 만드는 크림소스를 올리브오일로 마무리하여 풍미를 더했다.
올리브오일은 향이 좋은 것을 사용해야 한다.

WASABINA AND BASIL PASTA

특별하고 새로운 가정식 파스타
74

와사비나 바질 파스타

WASABINA AND BASIL PASTA

재료(1인분)

- 스파게티니 1.6mm 파스타면 80g
- 다진 와사비나 절임 1큰술
    - ✢ 와사비나는 잎이 부드럽고 매운맛이 나는 잎채소이다.
- 바질 또는 푸른 차조기잎 2~3장 – 채썰기
- 올리브오일 1큰술
- 다진 마늘 1/2작은술

A
- 면수 90㎖
- 다시마차 1/2작은술

- 소금 약간

면 삶기

- 삶는 시간 7분
- 냄비에 물 1ℓ를 붓고, 물 양의 3% 정도의 소금을 넣어 약 2큰술 면을 삶는다. 7분이 지나면 건져서 물기를 뺀다. 면수 90㎖ 1국자분를 덜어둔다.

HOW TO MAKE

1. 팬에 올리브오일, 마늘을 넣고 약한 불에서 가열하다가 향이 나면 와사비나 절임과 바질 또는 푸른 차조기잎을 넣어 섞고, A를 넣어 한소끔 끓인다.
2. 삶은 파스타면을 1에 넣고 약한 불에서 섞는다. 면이 적당히 익으면 소금으로 간하고 그릇에 담는다.

TIPS!

- 와사비나 절임 대신 무청을 참기름으로 볶아 고추냉이의 매운맛을 더한 것 등을 곁들여도 된다.

와사비나와 바질의 조합은 생각지도 못한 놀라운 맛을 보여준다.
자극적인 매운맛에 중독될 것이다.

ANCHOVY AND LEAF MUSTARD PASTA

ANCHOVY AND LEAF MUSTARD PASTA

특별하고 새로운 가정식 파스타
75

멸치 갓 파스타

재료(1인분)

- 스파게티니 1.6㎜ 파스타면 80g
- 갓 30~40g
- 잔멸치 2큰술
- 올리브오일 1큰술
- 다진 마늘 1/2작은술
- 고추 약간 – 통썰기
- 면수 90㎖
- 소금 약간

면 삶기

- 삶는 시간 7분
- 냄비에 물 1ℓ를 붓고, 물 양의 3% 정도의 소금을 넣어 ²큰술 면을 삶는다. 7분이 지나면 건져서 물기를 뺀다. 면수 90㎖ ¹국자분 를 덜어둔다.

HOW TO MAKE

1. 팬에 올리브오일, 마늘, 고추를 넣고 약한 불에 가열하다가 향이 나면 멸치와 갓을 넣고 면수를 넣어 섞는다.
2. 삶은 파스타면을 넣고 약한 불에서 면의 익은 정도를 조절하면서 섞는다. 면이 적당히 익으면 소금으로 간하고 그릇에 담는다.

믿고 먹을 수 있는 맛이다. 멸치와 갓만 무치면 술안주로도 좋다.
소금 간을 할 때 너무 짜지 않도록 주의한다.

TOFU MISO-CREAM PASTA

특별하고 새로운 가정식 파스타
76

두부 된장 크림 파스타

TOFU MISO-CREAM PASTA

소스 재료(4인분)

- 연두부 1모 450g – 물기 빼기
- 사이쿄 미소 1큰술
  - ✥ 사이쿄 미소는 달짝지근하고 염분이 낮은 순한 맛의 된장이다.
- 참기름 1작은술
- 간장 1/2작은술

파스타 재료(1인분)

- 스파게티니 1.6㎜ 파스타면 80g
- 베이컨 30g – 1㎝ 크기로 깍둑썰기
- 마늘 1/2작은술
- 화이트와인 1작은술
- 소스 90㎖ 1국자분
- 소금 약간
- 검은 후추 약간
- 산파 약간 – 송송 썰기
- 엑스트라버진 올리브오일 2큰술

면 삶기

- 삶는 시간 7분
- 냄비에 물 1ℓ를 붓고, 물 양의 3% 정도의 소금을 넣어 약 2큰술 면을 삶는다. 7분이 지나면 건져서 물기를 뺀다.

HOW TO MAKE

1. 소스 재료를 모두 믹서에 넣고 갈아 페이스트 상태로 만든다.
2. 팬에 올리브오일 1큰술, 마늘을 넣고 약한 불에서 가열하다가 향이 나면 베이컨을 넣어 볶은 다음, 화이트와인을 넣는다.
3. 삶은 파스타면을 2에 넣고 약한 불에서 면의 익은 정도를 조절하면서 섞는다.
4. 면이 적당히 익으면 소금으로 간하고 그릇에 담는다. 1의 소스 1국자를 붓는다. 검은 후추, 산파를 뿌리고 올리브오일 1큰술을 두른다.

TIPS!

- 두부는 키친타월에 싼 채 무거운 것을 올려두어 냉장고에서 하룻밤 물기를 뺀다.
- 사이쿄 미소가 없으면 설탕을 넣은 흰 된장이나 첨면장으로 대신한다.

두부와 사이쿄 미소를 크림 소스로 완성한 건강한 맛의 파스타이다.
보기에도 예뻐 여성들이 좋아할 만하다.

LAVER AND KYONA PASTA

특별하고 새로운 가정식 파스타
77

김 경수채 파스타

LAVER AND KYONA PASTA

재료(1인분)

- 스파게티니 1.6㎜ 파스타면 80g
  A
  - 김 1큰술
  - 멘츠유 시판 제품 2작은술
    - ❖ 멘츠유는 가다랑어포 다시, 간장, 맛술 등으로 만든 소스이다.
  - 맛술 1큰술
  - 간장 1/2작은술
  - 면수 3~4큰술
- 올리브오일 1큰술
- 다진 마늘 1/2작은술
- 고추 약간 - 통썰기
- 소금 약간
- 경수채 1줌 - 4cm 길이로 썰기

면 삶기

- 삶는 시간 7분
- 냄비에 물 1ℓ를 붓고, 물 양의 3% 정도의 소금을 넣어 약 2큰술 면을 삶는다. 7분이 지나면 건져서 물기를 뺀다. 면수 3~4큰술을 덜어둔다.

HOW TO MAKE

1. 팬에 올리브오일, 마늘, 고추를 넣고 약한 불에서 가열하다가 향이 나면 A를 넣고 섞는다.
2. 삶은 파스타면을 1에 넣고 약한 불에서 면의 익은 정도를 조절하면서 섞는다.
3. 면이 적당히 익으면 소금으로 간하여 그릇에 담고 경수채를 얹는다.

TIPS!

- 김에 따라 맛이 너무 진해질 수 있으니 상황에 따라 분량을 조절한다.

밥에 어울리는 맛인데 파스타와도 잘 어울린다.
소스의 수분량에 주의하면서 만들어보자.

OMELET-RICE STYLE PASTA

특별하고 새로운 가정식 파스타
78

달걀덮밥풍 파스타

OMELET-RICE STYLE PASTA

재료(1인분)

- 스파게티니 1.6㎜ 파스타면 80g
- 달걀물중 2개분
- 양파 슬라이스 1/8개분 25g
- 대파 3㎝ 정도 10g – 얇게 어슷썰기
- 표고버섯 슬라이스 1개분

  A
  - 간장 2큰술
  - 맛술 3큰술
  - 설탕 2작은술
  - 맛국물 다시, 장국 등 100㎖
  - 다시마차 1작은술
- 산파 적당량 – 송송 썰기

면 삶기

- 삶는 시간 7분
- 냄비에 물 1ℓ를 붓고, 물 양의 3% 정도의 소금을 넣어 약 2큰술 면을 삶는다. 7분이 지나면 건져서 물기를 뺀다.

HOW TO MAKE

1 팬에 A를 넣고 중간 불로 가열하다가 양파, 대파, 표고버섯을 넣고 한소끔 끓인다.
2 삶은 파스타면을 1에 넣어 다시 한소끔 끓이고 적당히 익으면 면만 먼저 그릇에 담는다.
3 2의 팬에 남은 소스를 팔팔 끓이고 달걀물을 넣는다. 면 위에 얹고 산파를 뿌린다.

TIPS!

- 산파 대신에 파드득나물을 뿌리면 더욱 달걀덮밥 같은 느낌이 난다.

덮밥 같은 파스타이다. 일본식 맛국물로 면을 끓이면서 적당히 익힌다.
국물을 많이 넣어 먹으면 더욱 맛있다.

DRIED CURRY PASTA

특별하고 새로운 가정식 파스타
79

드라이 카레 파스타

DRIED CURRY PASTA

카레 소스 재료(3인분)

- 다진 고기 300g
- 양파 1/2개 100g – 다지기
- 당근 1/3개 50g – 다지기
- 셀러리 9cm 정도 30g – 다지기
- 피망 1개 30g – 다지기
- 샐러드오일 1큰술
- 다진 마늘 1작은술
- 다진 생강 1/2작은술
- 레드와인 100ml

  A
  - 코리앤더 1/2작은술
    ✧ 코리앤더는 고수의 씨를 이용해서 만든 향신료이다.
  - 쿠민 씨 1꼬집
  - 고추 1개 – 통썰기
    ✧ 있으면 레드칠리 1/2작은술을 추가한다.

  B
  - 홀 토마토 통조림 1/2캔 200g
  - 치킨 스톡 시판 제품 500ml

  C
  - 카레가루 1작은술
  - 가람 마살라파우더 1/2작은술
    ✧ 가람 마살라는 매운맛이 나는 인도 향신료이다.
  - 너트메그 1꼬집
- 소금 1/2작은술
- 검은 후추 약간

파스타 재료(1인분)

- 스파게티니 1.6mm 파스타면 80g
- 드라이 카레 소스 90ml 1국자분
- 소금 약간
- 엑스트라버진 올리브오일 약간
- 볶은 아몬드 슬라이스 약간
- 다진 파슬리 약간

면 삶기

- 삶는 시간 7분 30초
- 냄비에 물 1ℓ를 붓고, 물 양의 3% 정도의 소금을 넣어 약 2큰술 면을 삶는다. 7분 30초가 지나면 건져서 물기를 뺀다.

HOW TO MAKE

1. 냄비에 샐러드오일, 마늘, 생강을 넣고 약한 불에 올려 가열한다. 향이 나면 A를 넣고 볶다가 모든 채소를 넣고 약한 불에서 볶는다.

2. 1에 다진 고기를 넣고 풀듯이 볶다가 레드와인을 넣어 가볍게 끓인다. B와 C를 넣고 수분이 조금 남는 정도까지 졸인다. 소금, 검은 후추로 간하여 카레 소스를 완성한다.

3. 삶은 파스타면을 볼에 넣고 소금과 엑스트라버진 올리브오일로 간하여 그릇에 담는다. 소스를 붓고 아몬드와 파슬리를 뿌린다.

다진 고기를 넣은 카레와 파스타면의 환상적인 만남! 소스를 묽게 완성하는 것이 요령이다.

SOBAMESI STYLE PASTA

특별하고 새로운 가정식 파스타
80

소바메시풍 파스타

SOBAMESI STYLE PASTA

소스 재료(2인분)

- 우스터소스 2큰술
- 도로 소스 시판 제품 1큰술
- 간장 1작은술
- 설탕 1작은술
- 된장 1/2작은술
- 굴소스 1작은술

파스타 재료(1인분)

- 스파게티니 1.6㎜ 파스타면 80g
- 소스 2큰술
- 양배추 1줌 – 마구 썰기
- 당근 10g – 채썰기
- 소 힘줄 조림 p.171 50g
- 튀김 부스러기 약간
- 가다랑어포 적당량 – 잘게 부수기
- 실파 적당량 – 송송 썰기
- 샐러드오일 1큰술

면 삶기

- 삶는 시간 7분
- 면을 1~2㎝ 길이로 잘게 자른다. 냄비에 물 1ℓ를 붓고, 물 양의 3% 정도의 소금을 넣어 약 2큰술 면을 삶는다. 7분이 지나면 건져서 물기를 뺀다.

HOW TO MAKE

1. 볼에 소스 재료를 전부 넣고 잘 섞어둔다.
2. 팬에 샐러드오일을 두르고 양배추, 당근을 넣고 볶다가 소 힘줄 조림을 넣어 같이 볶는다.
3. 2에 삶은 파스타면과 소스 2큰술을 넣고 약한 불에서 잘 섞는다. 튀김 부스러기, 가다랑어포를 넣어 잘 섞고 그릇에 담는다. 실파를 뿌린다.

TIPS!

- 도로 소스 대신 오코노미야키 소스를 써도 된다. 소 힘줄 조림 대신 돼지고기 삼겹살 또는 얇게 저민 돼지고기를 넣어 볶아도 좋다.

고베에서 싸고 맛있기로 유명한 밥집의 소바메시를 파스타로 재현했다.
진하고 짭짤한 맛의 소스가 파스타에도 잘 어우러진다.
✧ 소바메시는 밥과 야키소바를 함께 볶은 요리이다.

TUNA AND SOFT-BOILED EGG PASTA

특별하고 새로운 가정식 파스타
81

참치 반숙 달걀 파스타

TUNA AND SOFT-BOILED EGG PASTA

재료(1인분)

- 페델리니 1.4mm 파스타면 80g
- 참치살 60g 정도
- 산파 약간 – 송송 썰기

  A
  - 고추냉이 1/2작은술
  - 참기름 1/2작은술
  - 간장 1/2작은술
- 올리브오일 1큰술
- 다진 마늘 1/2작은술
- 고추 약간 – 통썰기

  B
  - 면수 90㎖
  - 다시마차 1/2작은술
- 소금 약간
- 반숙 달걀 p.119 1개
- 푸른 차조기잎 1장
- 잘게 썬 김 1줌

면 삶기

- 삶는 시간 5분
- 냄비에 물 1ℓ를 붓고, 물 양의 3% 정도의 소금을 넣어 약 2큰술 면을 삶는다. 5분이 지나면 건져서 물기를 뺀다. 면수 90㎖ 1국자분를 덜어둔다.

HOW TO MAKE

1. 볼에 참치살과 산파, A를 넣고 잘 섞는다.
2. 팬에 올리브오일과 마늘, 고추를 넣고 약한 불에서 가열하다가 향이 나면 B를 넣어 한소끔 끓인다.
3. 2에 삶은 파스타면을 넣어 약한 불에서 면의 익은 정도를 조절하면서 섞는다. 면이 적당히 익으면 소금으로 간하고 그릇에 담는다.
4. 면 위에 푸른 차조기잎, 1, 반숙 달걀을 순서대로 얹는다. 잘게 썬 김을 뿌린다.

TIPS!

- 마무리로 참기름을 두르면 육회 느낌이 난다.

다진 파와 참치살을 무친 요리인 '네기토로'와 반숙 달걀 소스로 만든 파스타이다.
소금과 다시마차로 간하여 감칠맛을 끌어올렸다.

PART 04

따뜻한 파스타 그 이상의 즐거움!

새로운 맛의 세계, 차가운 파스타

MENTAIKO COLD PASTA

새로운 맛의 세계, 차가운 파스타
82

셀러리를 곁들인 명란 냉파스타

MENTAIKO COLD PASTA

재료(1인분)

- 페델리니 1.4mm 파스타면 80g
- 명란 15g - 풀어놓기
  A
  - 간장 1작은술
  - 마요네즈 3큰술 40g
  - 우유 또는 생크림 1~2큰술
- 소금 약간
- 올리브오일 1큰술
- 셀러리 잎 약간 - 채썰기
- 검은 후추 약간

면 삶기

- 삶는 시간 7분
- 냄비에 물 1ℓ를 붓고, 물 양의 3% 정도의 소금을 넣어 약 2큰술 면을 삶는다. 7분이 지나면 찬물에 헹구고 키친타월에 싸서 물기를 꼭 짠다.

HOW TO MAKE

1. 볼에 명란을 풀어 넣고, A를 넣어 섞는다.
2. 파스타면은 물기를 잘 빼고 차갑게 식힌 볼에 넣는다. 소금, 올리브오일 순으로 뿌려 간한다.
3. 1에 2를 넣고 섞는다. 소스가 뻑뻑하면 우유 또는 생크림 분량 외을 넣어 조절한다.
4. 3을 그릇에 담고 검은 후추를 뿌린다. 셀러리 잎을 곁들인다.

TIPS!

- 취향에 따라 잘게 썬 김을 곁들여도 좋다.

일본의 파스타에서 빠질 수 없는 '명란 파스타'.
호텔의 맛을 내려면 소스의 간을 잘 맞추는 것이 중요하다.

FRIED VEGETABLE PICKLE COLD PASTA

새로운 맛의 세계, 차가운 파스타
83

채소 튀김 절임과 바지락을 곁들인 냉파스타

FRIED VEGETABLE PICKLE COLD PASTA

재료(1인분)

- 카펠리니 0.9mm 파스타면 60g
- 바지락 육수 p.73 1/2컵

  A
    - 맛국물 다시, 장국 등 1컵
    - 다시마차 1작은술
    - 소금 약간
- 가지 1개 80g – 마구 썰기
- 주키니호박 1/2개 100g – 5mm 두께로 통썰기
- 당근 1/3개 50g – 마구 썰기
- 브로콜리 8봉오리 – 작게 나누기
- 콜리플라워 8봉오리 – 작게 나누기
- 파프리카 빨간색, 노란색 1/2개씩 100g – 마구 썰기
- 오크라 2~3개
  ✧ 오크라는 풋고추와 비슷한 맛을 지닌 채소로 표면에 잔털이 많고 각이 져 있다.
- 튀김용 기름 올리브오일 적당량
- 소금 약간
- 엑스트라버진 올리브오일 1큰술

면 삶기

- 삶는 시간 3분
- 냄비에 물 1ℓ를 붓고, 물 양의 3% 정도의 소금을 넣어 약 2큰술 면을 삶는다. 3분이 지나면 찬물에 헹구고 키친타월에 싸서 물기를 꼭 짠다.

HOW TO MAKE

1. 바지락 육수를 냄비에 넣고 A를 넣어 한소끔 끓인 후 불을 끈다.
2. 채소를 살짝 튀기고 1에 절여 한 김 식힌다. 한 김 식으면 냉장고에서 완전히 식힌다.
3. 파스타면은 물기를 잘 빼고 차갑게 식힌 볼에 담는다. 소금, 엑스트라버진 올리브오일 순으로 버무려 간한다.
4. 3에 2의 채소을 얹고 절임 국물을 붓는다.

TIPS!

- 바지락 육수 p.73는 바지락 통조림에 들어 있는 국물을 사용해도 된다. 남은 조갯살은 채소와 함께 소스에 절여 파스타에 곁들여도 된다.

채소 튀김 절임과 가는 파스타면을 섞어 소면풍 요리를 만들었다.
바지락 육수가 맛에 깊이를 더한다.

MOLOKHEIYA COLD PASTA

새로운 맛의 세계, 차가운 파스타
84

모로헤이야를 얹은 냉파스타

MOLOKHEIYA COLD PASTA

소스 재료(3인분)

- 모로헤이야잎만 2봉지 200g
- 올리브오일 1큰술
- 다진 마늘 1/2작은술
- 고추 약간 - 통썰기

A
- 치킨 스톡 시판 제품 1/2컵
- 파프리카 파우더 1/2작은술
- 다시마차 1작은술
- 간장 1큰술

- 소금 1/2작은술

파스타 재료(1인분)

- 페델리니 1.4mm 파스타면 80g
- 소스 90ml 1국자분
- 소금 약간
- 엑스트라버진 올리브오일 1큰술

면 삶기

- 삶는 시간 7분
- 냄비에 물 1ℓ를 붓고, 물 양의 3% 정도의 소금을 넣어 약 2큰술 면을 삶는다. 7분이 지나면 찬물에 헹구고 키친타월에 싸서 물기를 꼭 짠다.

HOW TO MAKE

1. 팬에 올리브오일, 마늘, 고추를 넣고 약한 불에 올려 가열한다. 향이 나면 모로헤이야와 A를 넣어 한소끔 끓이고 소금으로 간한다. 잠시 그대로 두어 한 김 식힌다.
2. 1을 믹서에 갈아 부드럽게 만들고 차갑게 식힌 볼에 옮겨 담아 식힌다.
3. 파스타면은 물기를 잘 빼고 차갑게 식힌 다른 볼에 넣는다. 엑스트라버진 올리브오일, 소금으로 버무려 간한다.
4. 3을 그릇에 담고 2를 1국자 끼얹는다.

모로헤이야는 이집트 등 중앙아시아가 원산지로 클레오파트라가 즐겨 먹은 채소로 유명하다.
비타민과 미네랄 함량이 높은 채소로 알려져 있다.
모로헤이야를 얹은 이 파스타는 여름철 더위 해소에 좋은 건강 요리다.

GAZPACHO COLD PASTA

새로운 맛의 세계, 차가운 파스타
85

가스파초 냉파스타

GAZPACHO COLD PASTA

소스 재료(3인분)

- 완숙 토마토중 1개 – 2등분하고 씨 빼기
- 토마토주스 1컵
- 빵가루 3큰술
- 마늘 1쪽 10g
- 엑스트라버진 올리브오일 적당량
- 파프리카빨간색 1/2개 100g
- 레드와인식초 약간
- 오이 1/3개 30g
- 물 1/2컵
- 양파 1/4개 50g

    A
    - 소금 적당량
    - 흰 후추 적당량
    - 타바스코 소스 적당량

    B
    - 굵게 다진 오이 1큰술
    - 굵게 다진 양파 1큰술
    - 굵게 다진 파프리카빨간색, 노란색 1큰술씩
    - 바질 1장 – 다지기

파스타 재료(1인분)

- 페델리니 1.4mm 파스타면 80g
- 소스 90ml 1국자분
- 소금 약간
- 엑스트라버진 올리브오일 1큰술

면 삶기

- 삶는 시간 7분
- 냄비에 물 1ℓ를 붓고, 물 양의 3% 정도의 소금을 넣어 약 2큰술 면을 삶는다. 7분이 지나면 찬물에 헹구고 키친타월에 싸서 물기를 꼭 짠다.

HOW TO MAKE

1 먼저 가스파초를 만든다. A와 B 이외의 소스 재료를 모두 믹서에 넣어 퓌레 상태가 될 때까지 간다.
2 1을 볼에 옮기고 냉장고에서 하룻밤 숙성시킨 다음, 가는 체에 거르고 A로 간한다.
3 2에 B를 넣고 올리브오일 1큰술과 소금 1/2작은술분량 외로 간하여 소스를 완성한다.
4 파스타면은 물기를 잘 빼고 차갑게 식힌 볼에 담는다. 소금, 엑스트라버진 올리브오일 순으로 뿌려 간한다.
5 4를 그릇에 담고 소스를 끼얹는다.

TIPS!

- 남은 가스파초 수프는 젤라틴을 넣고 굳혀서 젤리로 만들거나 구운 생선요리 소스로 사용해도 좋다.

토마토, 오이, 피망 등을 넣은 스페인의 냉수프인 가스파초로 냉파스타를 만들었다.
토마토와 레드와인식초가 주는 풍부한 산미 덕분에 목 넘김이 상큼하다.

SALMON AND TOMATO COLD PASTA

새로운 맛의 세계, 차가운 파스타
86

연어 토마토 양파 냉파스타

SALMON AND TOMATO COLD PASTA

재료(1인분)

- 페델리니 1.4㎜ 파스타면 80g
- 생연어토막 60g 정도
- 물 적당량

  A
  - 화이트와인 1/2작은술
  - 소금 1작은술
- 토마토중 1/2개 - 끓는 물에 데쳐 씨를 제거하고 1㎝ 크기로 깍둑썰기
- 양파 1/4개 50g - 물에 헹구고 물기를 뺀 후 다지기
- 산파 약간 - 송송 썰기

  B
  - 엑스트라버진 올리브오일 2큰술
  - 레몬즙 1작은술
  - 화이트와인식초 또는 레드와인식초 1/2 작은술
  - 소금 약간
  - 후추 약간
- 소금 약간
- 엑스트라버진 올리브오일 1큰술

면 삶기

- 삶는 시간 7분
- 냄비에 물 1ℓ를 붓고, 물 양의 3% 정도의 소금을 넣어 약 2큰술 면을 삶는다. 7분이 지나면 찬물에 헹구고 키친타월에 싸서 물기를 꼭 짠다.

HOW TO MAKE

1. 냄비에 물과 A를 넣고 끓으면 일단 불을 끈 다음, 연어를 넣고 다시 불을 켜 약한 불에서 끓어오르지 않도록 삶는다. 연어가 익으면 꺼내서 마르지 않도록 랩을 씌워 식혀둔다.
2. 1의 연어를 잘게 풀어 볼에 넣고, 양파, 토마토, 산파, B를 넣고 잘 섞는다.
3. 파스타면은 물기를 잘 빼고 차갑게 식힌 볼에 담는다. 소금, 엑스트라버진 올리브오일 순으로 뿌려 간한다. 그릇에 담고 2를 얹는다.

TIPS!

- 연어는 자반연어를 써도 맛있다. 자반연어를 사용하는 경우에는 A에서 소금을 뺀다.

채소와 연어의 식감이 대비되어 입이 즐겁다.
와인식초는 화이트 또는 레드 등 곁들이는 와인에 따라 선택한다.

PEACH AND FRUIT-TOMATO COLD PASTA

새로운 맛의 세계, 차가운 파스타
87

복숭아 프루트 토마토 냉파스타

PEACH AND FRUIT-TOMATO COLD PASTA

재료(1인분)

- 페델리니 1.4mm 파스타면 80g

  A
  - 프루트 토마토 1/2개 - 10등분하기
  - 복숭아 적당량 - 껍질 벗겨 썰기
  - 민트 약간 - 다지기
  - 바질 2장 - 채썰기
  - 엑스트라버진 올리브오일 2큰술
  - 소금 약간
  - 레몬즙 1작은술
- 소금 약간
- 엑스트라버진 올리브오일 1큰술
- 검은 후추 약간

면 삶기

- 삶는 시간 7분
- 냄비에 물 1ℓ를 붓고, 물 양의 3% 정도의 소금을 넣어 약 2큰술 면을 삶는다. 7분이 지나면 찬물에 헹구고 키친타월에 싸서 물기를 꼭 짠다.

HOW TO MAKE

1 볼에 A를 넣고 가볍게 섞는다.
2 파스타면은 물기를 잘 빼고 차갑게 식힌 볼에 넣는다. 소금, 엑스트라버진 올리브오일을 순서대로 뿌려 간 한다.
3 2에 1을 넣어 섞고 그릇에 담는다. 검은 후추를 뿌린다.

TIPS!

- 복숭아는 가능하면 신선한 것을 사용하는 것이 좋지만 복숭아를 구하기 어려운 계절에는 통조림을 사용하여 만들어도 좋다.

신선한 복숭아와 당도가 높은 프루트 토마토의 의외의 조합으로 완성한 파스타이다.
디저트가 아니라 한 끼 식사다. 복숭아가 제철인 계절에 꼭 만들어보자.

DARK CHERRY AND BEET COLD PASTA

새로운 맛의 세계, 차가운 파스타
88

다크 체리 비트 냉파스타

DARK CHERRY AND BEET COLD PASTA

소스 재료(8인분)

- 다크 체리 통조림 1캔 220g
  - ✥ 마무리용 다크 체리 8개 남겨두기
- 비트 통조림 1캔 425g – 얇게 썰기
- 양파 1/6개 30g
- 다진 마늘 1/2작은술
- 토마토중 1개

A
- 소금 1/2작은술
- 레드와인식초 1큰술
- 후추 약간
- 타바스코 소스 약간

파스타 재료(1인분)

- 카펠리니 0.9mm 파스타면 60g
- 소스 90㎖ 1국자분
- 소금 약간
- 엑스트라버진 올리브오일 1큰술
- 다크 체리 8개
- 세르피유 약간
  - ✥ 세르피유는 달콤한 향이 나는 허브이다.

면 삶기

- 삶는 시간 3분
- 냄비에 물 1ℓ를 붓고, 물 양의 3% 정도의 소금을 넣어 약 2큰술 면을 삶는다. 3분이 지나면 찬물에 헹구고 키친타월에 싸서 물기를 꼭 짠다.

HOW TO MAKE

1. 먼저 소스를 만든다. A를 제외한 소스 재료를 전부 믹서에 넣고 퓌레 상태가 될 때까지 간다.
2. 1을 가는 체에 거른 다음, A를 넣어 간하여 소스를 완성한다.
3. 파스타면은 물기를 잘 빼고 차갑게 식힌 볼에 넣는다. 소금, 엑스트라버진 올리브오일 순으로 뿌려 간한다.
4. 3을 그릇에 담고 소스를 붓는다. 다크 체리, 세르피유를 얹는다.

TIPS!

- 소금물에 데친 새우나 아보카도를 곁들여도 좋다.

겉모습만 보고 달콤한 과일 소스를 예상했다면 깜짝 놀랄 것이다.
비트의 맛이 무척 담백하다.

HAWAIIAN COLD PASTA

새로운 맛의 세계, 차가운 파스타
89

참치와 아보카도를 넣은 하와이안 냉파스타

HAWAIIAN COLD PASTA

재료(1인분)

- 페델리니 1.4mm 파스타면 80g
- 참치살 80g - 큼직하게 썰기
- 아보카도 1/2개 140g - 2cm 크기로 깍둑썰기
- 적양파 또는 양파 슬라이스 1/4개분 50g - 물에 헹구고 물기 빼기

  A
  - 간장 1큰술
  - 참기름 1작은술
  - 레몬즙 약간
  - 올리브오일 1~2큰술
  - 검은 후추 약간
- 소금 약간
- 엑스트라버진 올리브오일 1큰술
- 흰 깨 약간 - 생략 가능

면 삶기

- 삶는 시간 7분
- 냄비에 물 1ℓ를 붓고, 물 양의 3% 정도의 소금을 넣어 약 2큰술 면을 삶는다. 7분이 지나면 찬물에 헹구고 키친타월에 싸서 물기를 꼭 짠다.

HOW TO MAKE

1. 볼에 참치, 아보카도, 적양파 또는 양파를 넣고 A를 넣어 잘 섞는다.
2. 파스타면은 물기를 빼고 차갑게 식힌 볼에 넣는다. 소금, 엑스트라버진 올리브오일을 순서대로 뿌려 간 한다.
3. 2를 그릇에 담고 1을 얹는다. 취향에 따라 흰 깨를 뿌린다.

참치 회를 양념하여 먹는 하와이의 전통 음식인 '포키 poke'를 소스로 한 파스타이다.
레몬의 풍미와 참기름의 향을 더하여 감칠맛이 풍부한 요리로 만들었다.

HAM AND LEMON COLD PASTA

새로운 맛의 세계, 차가운 파스타
90

햄 레몬 냉파스타

HAM AND LEMON COLD PASTA

소스 재료(약 6인분)
- 양파소 1개 150g
- 다진 마늘 1작은술
- 식초 3큰술
- 샐러드오일 1/2컵
- 소금, 검은 후추 적당량씩

마리네 재료(4인분)
- 소스 적당량
- 양파 슬라이스중 1/4개분 50g
- 레몬 슬라이스 1/2개분 60g
- 파프리카 슬라이스노란색 1/2개분 100g

파스타 재료(1인분)
- 페델리니 1.4mm 파스타면 80g
- 마리네 90㎖ 1국자분
- 소금 약간
- 엑스트라버진 올리브오일 1큰술
- 생햄 30g 정도
- 다진 파슬리 약간

면 삶기
- 삶는 시간 7분
- 냄비에 물 1ℓ를 붓고, 물 양의 3% 정도의 소금을 넣어 약 2큰술 면을 삶는다. 7분이 지나면 찬물에 헹구고 키친타월에 싸서 물기를 꼭 짠다.

HOW TO MAKE
1 소스 재료를 모두 믹서에 넣어 퓌레 상태가 될 때까지 간다.
2 넓적한 접시에 마리네 재료를 모두 넣고 1의 소스를 적당량 넣는다. 냉장고에 반나절 이상 두어 절인다.
3 파스타면은 물기를 잘 빼고 차갑게 식힌 볼에 담아 소금, 엑스트라버진 올리브오일 순으로 뿌려 간한다.
4 3을 그릇에 담고, 생햄, 2의 순으로 얹은 후 파슬리를 뿌린다.

레몬과 노란색 파프리카 마리네가 보기에도, 먹기에도 상큼하다.
애피타이저로는 물론, 샐러드 대신으로도 좋다.
✣ 마리네는 고기나 생선, 채소 등을 식초, 오일, 향신료 등으로 버무린 요리이다.

CURRY COLD PASTA

새로운 맛의 세계, 차가운 파스타
91

냉카레 파스타

CURRY COLD PASTA

소스 재료(2인분)

A
- 시판 카레 루 120g – 뜨거운 물에 녹이기
- 맛국물다시, 장국 등 4큰술
- 양파 20g – 다져서 미리 볶아두기
- 비터 초콜릿 20g
- 멘츠유시판 제품 2작은술
  - ❖ 멘츠유는 가다랑어포 다시, 간장, 맛술 등으로 만든 소스이다.

B
- 스위트 칠리소스 1큰술
- 식초 1/2작은술
- 참기름 1/2작은술
- 다진 생강 1작은술
- 간장 1작은술

파스타 재료(1인분)
- 페델리니 1.4mm 파스타면 80g
- 소스 90㎖ 1국자분
- 소금 약간
- 엑스트라버진 올리브오일 1큰술
- 토마토중 1큰술 – 끓는 물에 데쳐 씨를 제거하고 1cm 크기로 깍둑썰기
- 산파 약간 – 송송 썰기

면 삶기
- 삶는 시간 7분
- 냄비에 물 1ℓ를 붓고, 물 양의 3% 정도의 소금을 넣어약 2큰술 면을 삶는다. 7분이 지나면 찬물에 헹구고 키친타월에 싸서 물기를 꼭 짠다.

HOW TO MAKE

1. 먼저 소스를 만든다. 냄비에 A를 넣어 끓이고, 끓으면 불을 끄고 식힌다. 식으면 B를 넣고 잘 섞는다.
2. 파스타면은 물기를 잘 빼고 차갑게 식힌 볼에 넣어 소금, 엑스트라버진 올리브오일 순으로 뿌려 간한다.
3. 2를 그릇에 담고 1을 붓는다. 토마토와 산파를 곁들인다.

가정에서 먹는 카레를 보다 풍성하고 복잡한 맛으로 완성하여 차가운 파스타와 섞었다.
의외의 조합이지만 계속 먹게 되는 맛에 놀란다.

HAM COLD CARBONARA

새로운 맛의 세계, 차가운 파스타
92

햄을 곁들인 냉카르보나라

HAM COLD CARBONARA

소스 베이스 재료(3인분)
- 양파 슬라이스 1/2개분 100g
- 물 1컵
- 고추 1/2개 - 2등분하기
- 다시마차 1작은술

파스타 재료(1인분)
- 페델리니 1.4㎜ 파스타면 60g
- A
  - 달걀노른자중 2개
  - 물 2큰술
  - 소스 베이스 2큰술
- 생크림 2큰술
- 소금 약간
- 양파 슬라이스 1/4개분
- 생강 약간 - 채썰기
- 박력분 약간
- 올리브오일 튀김용 기름 적당량
- 베이컨 1장 - 1㎝ 크기로 나박썰기
- 생햄 2장
- 반숙 달걀 p.119 1개
- 껍질콩 1개 - 소금물에 데쳐 세로로 2등분하기
- 검은 후추 약간
- 파르메산 치즈 가루 약간

면 삶기
- 삶는 시간 7분
- 냄비에 물 1ℓ를 붓고, 물 양의 3% 정도의 소금을 넣어 약 2큰술 면을 삶는다. 7분이 지나면 찬물에 헹구고 키친타월에 싸서 물기를 꼭 짠다.

HOW TO MAKE

1. 먼저 소스 베이스를 만든다. 냄비에 소스 베이스 재료를 모두 넣고 수분이 없어지기 직전까지 졸인 다음, 한 김 식히고 믹서에 넣어 퓨레 상태로 간다.
2. 볼에 A를 넣고 볼을 끓는 물에 얹어 중탕하면서 거품기로 재빨리 섞는다. 되직해지면 불에서 내리고, 생크림과 소금을 넣고 섞은 후 볼을 찬물에 얹어 식혀둔다.
3. 양파와 생강은 박력분을 뿌려 튀겨둔다. 베이컨은 기름을 두르지 않은 팬에 넣어 약한 불에서 바삭하게 구운 다음, 꺼내어 식혀둔다.
4. 물기를 뺀 파스타를 2에 넣어 잘 버무리고 소금으로 간한 다음, 미리 생햄을 깔아둔 그릇에 담는다.
5. 면 한가운데를 움푹하게 만들어 반숙 달걀을 얹고 껍질콩, 양파 튀김, 생강 튀김, 베이컨을 얹은 후 검은 후추를 뿌린다. 취향대로 파르메산 치즈를 뿌린다.

TIPS!
- 이 파스타는 속재료가 많기 때문에 면의 양을 적게 한다.
- 남은 소스 베이스는 어패류 그라탱 소스로 활용할 수 있다.

프랑스 요리에서 사용되는 사바용 소스를 응용했다. 반숙 달걀과 생햄, 튀김 등의 식감과 향, 맛을 즐겨보자.
❖ 사바용 소스는 달걀노른자, 설탕, 화이트와인 등을 넣어 만든 소스이다.

BONITO TATAKII COLD PASTA

새로운 맛의 세계, 차가운 파스타
93

채소 소스를 곁들인 가츠오타타키 냉파스타

BONITO TATAKII COLD PASTA

소스 재료(4인분)

- 오이 3cm ^{15g} – 다지기
- 양하 1개 ^{20g} – 다지기
  ❖ 양하는 특유의 알싸한 향과 맛이 있는 생강과 식물이다.
- 다진 생강 1큰술 ^{10g}
- 푸른 차조기잎 1다발 ^{10장} – 다지기
- 오크라 2개 – 다지기
  ❖ 오크라는 풋고추와 비슷한 맛을 지닌 채소로 표면에 잔털이 많고 각이 져 있다.
- 가지 1/2개 – 다지기
- 다시마 50g – 물에 불려서 다지기

  A
  - 간장 2큰술
  - 맛술 1큰술
  - 다시마차 1작은술

파스타 재료(1인분)

- 카펠리니 $^{0.9mm}$ 파스타면 40g
- 가츠오타타키 6조각
  ❖ 가츠오타타키는 겉만 살짝 익힌 가다랑어회다.
- 소금 약간
- 엑스트라버진 올리브오일 1큰술
- 소스 적당량

면 삶기

- 삶는 시간 3분
- 냄비에 물 1ℓ를 붓고, 물 양의 3% 정도의 소금을 넣어 약 2큰술 면을 삶는다. 3분이 지나면 찬물에 헹구고 키친타월에 싸서 물기를 꼭 짠다.

HOW TO MAKE

1. 소스를 만든다. 볼에 채소류를 모두 넣고 A도 넣어 잘 섞어둔다.
2. 파스타면은 물기를 잘 빼고 차갑게 식힌 볼에 넣어, 소금, 엑스트라버진 올리브오일 순으로 간한다. 3등분하여 그릇에 담는다.
3. 2에 가츠오타타키를 곁들이고 소스를 끼얹는다.

TIPS!

- 다시마는 점도가 강한 것을 쓰는 것이 좋다.
- 남은 소스는 냉두부나 낫토, 또는 밥에 얹어 먹어도 맛있다.

여름의 맛, 가츠오타타키에 소면이 아닌 파스타면을 곁들였다.
매우 가는 파스타면의 쫄깃한 식감이 좋다.

PORK, ONION AND TOMATO COLD PASTA

새로운 맛의 세계, 차가운 파스타
94

돼지고기 양파 토마토 냉파스타

PORK, ONION AND TOMATO COLD PASTA

재료(1인분)

- 페델리니 1.4㎜ 파스타면 80g
- 돼지고기 슬라이스샤브샤브용 80g

  A
  - 물 2컵
  - 다시마차 2큰술

  B
  - 폰즈소스 1작은술
    ✢ 폰즈소스는 간장에 식초, 맛술 등을 넣어 만든 소스이다.
  - 멘츠유 1작은술
  - 엑스트라버진 올리브오일 4작은술
- 소금 약간
- 엑스트라버진 올리브오일 1큰술
- 토마토 슬라이스중 1/2개분
- 양파 슬라이스 적당량 - 물에 헹구고 물기 빼기
- 경수채 1줌 5g - 4~5cm 길이로 썰기
- 생강 약간 - 채썰기

면 삶기

- 삶는 시간 7분
- 냄비에 물 1ℓ를 붓고, 물 양의 3% 정도의 소금을 넣어 약 2큰술 면을 삶는다. 7분이 지나면 찬물에 헹구고 키친타월에 싸서 물기를 꼭 짠다.

HOW TO MAKE

1. 냄비에 A를 넣어 끓이고, 끓으면 불을 끈 다음, 돼지고기를 담가 익히고 식혀둔다.
2. 볼에 B를 넣고 잘 섞어둔다.
3. 파스타면은 물기를 잘 빼고 차갑게 식힌 볼에 넣어, 소금, 엑스트라버진 올리브오일 순으로 간한다.
4. 그릇에 토마토를 얹고 3을 얹는다. 1의 돼지고기, 양파, 경수채, 생강 순으로 얹고 2를 전체적으로 붓는다.

TIPS!

- 돼지고기를 익힐 때는 반드시 불을 끄고 잔열로 익힌다.

산뜻한 신맛을 살린 소스에 신선한 채소와 돼지고기를 섞은 요리이다.
상큼한 조합이 무더위로 지친 몸을 깨워준다.

JAPANESE APRICOT COLD PASTA

새로운 맛의 세계, 차가운 파스타
95

오크라와 멸치, 매실을 넣은 일본식 냉파스타

JAPANESE APRICOT COLD PASTA

재료(1인분)

- 페델리니 1.4mm 파스타면 80g

A
- 오크라 2개 – 소금물에 데쳐 5mm 두께로 통썰기
- 잔멸치 1큰술
- 토마토중 1개 – 끓는 물에 데쳐 씨를 제거하고 2cm 크기로 깍둑썰기
- 미역 약간 – 2cm 크기로 네모나게 썰기
- 우메보시 1개분 – 씨를 제거하고 두드리기
- 푸른 차조기잎 2장분 – 채썰기
- 엑스트라버진 올리브오일 1큰술
- 멘츠유시판 제품 1큰술
- 발사믹식초 1작은술

- 소금 1/2작은술
- 엑스트라버진 올리브오일 1큰술

면 삶기

- 삶는 시간 7분
- 냄비에 물 1ℓ를 붓고, 물 양의 3% 정도의 소금을 넣어 약 2큰술 면을 삶는다. 7분이 지나면 찬물에 헹구고 키친타월에 싸서 물기를 꼭 짠다.

HOW TO MAKE

1. 볼에 A를 넣고 잘 섞어둔다.
2. 파스타면은 물기를 잘 빼고 차갑게 식힌 볼에 넣는다. 소금, 엑스트라버진 올리브오일을 순서대로 뿌려 간한다.
3. 2를 그릇에 담고 1을 얹는다.

멸치, 미역, 우메보시 등의 밥반찬을 멘츠유로 마무리한 여름 식탁에 어울리는 요리이다.
소스는 밥에 얹어도 맛있다.

VINEGAR JELLY COLD PASTA

새로운 맛의 세계, 차가운 파스타
96

식초 젤리로 버무린 성게 김 콩 냉파스타

VINEGAR JELLY COLD PASTA

식초 젤리 재료(3인분)

- 맛국물다시, 장국 등 150㎖
- 치킨 스톡 60㎖
- 맛술 90㎖
- 국간장 30㎖
- 식초 35㎖
- 판 젤라틴 6g

파스타 재료(1인분)

- 페델리니 1.4㎜ 파스타면 80g
- 식초 젤리 90㎖ 1국자분
- 소금 약간
- 엑스트라버진 올리브오일 1큰술

  A
  - 생김 1큰술
  - 풋콩 6~7알 - 소금물에 삶기
- 성게알 적당량

면 삶기

- 삶는 시간 7분
- 냄비에 물 1ℓ를 붓고, 물 양의 3% 정도의 소금을 넣어 약 2큰술 면을 삶는다. 7분이 지나면 찬물에 헹구고 키친타월에 싸서 물기를 꼭 짠다.

HOW TO MAKE

1. 먼저 식초 젤리를 만든다. 판 젤라틴은 물에 불려두고, 그 외의 재료는 모두 냄비에 넣어 끓인 다음, 한소끔 끓으면 불린 판 젤라틴을 넣어 섞는다. 볼에 옮기고 냉장고에서 굳혀 식초 젤리를 완성한다.
2. 파스타면은 물기를 잘 빼고 차갑게 식힌 볼에 넣는다. 소금, 엑스트라버진 올리브오일 순으로 뿌려 간한다.
3. 다른 볼에 식초 젤리 90㎖와 A를 넣어 섞는다. 2도 넣어 섞고 그릇에 담아 성게알을 얹는다.

김의 향에 식초 젤리를 더했더니 성게알의 단맛이 더 돋보인다. 간단하면서도 무척 고급스러운 요리이다.

IMMERSE EATING COLD PASTA

새로운 맛의 세계, 차가운 파스타
97

찍어 먹는 냉파스타

IMMERSE EATING COLD PASTA

재료(1인분)

- 페델리니 1.4㎜ 파스타면 80g
  A
  - 토마토중 1개 – 끓는 물에 데쳐 씨를 제거하고 1cm 크기로 깍둑썰기
  - 다진 양파 2큰술 30g – 물에 헹구고 물기 빼기
  - 산파 약간 – 송송 썰기
  - 블랙 올리브 4개 – 다지기
  - 바질 2장 – 채썰기
  - 멘츠유 시판 제품 2큰술
  - 물 2큰술
  - 엑스트라버진 올리브오일 4큰술
- 소금 1/2작은술
- 엑스트라버진 올리브오일 1큰술

면 삶기

- 삶는 시간 7분
- 냄비에 물 1ℓ를 붓고, 물 양의 3% 정도의 소금을 넣어 약 2큰술 면을 삶는다. 7분이 지나면 찬물에 헹구고 키친타월에 싸서 물기를 꼭 짠다.

HOW TO MAKE

1. A를 볼에 모두 넣고 잘 섞는다. 식힌 다음 그릇에 담는다.
2. 파스타면은 물기를 잘 빼고 차갑게 볼에 넣어 엑스트라버진 올리브오일을 두르고 소금을 뿌려 잘 버무린 후 그릇에 담는다.

올리브오일과 토마토, 바질 등 기본적인 이탈리안 재료를 '멘츠유'로 마무리했다.
이탈리안 재료와 일본 소스의 조합이 새로운 맛을 선사한다. 왠지 그리운 맛이다.

KOREAN COLD-NOODLE STYLE PASTA

새로운 맛의 세계, 차가운 파스타
98

냉면풍 파스타

KOREAN COLD-NOODLE STYLE PASTA

소스 재료(2인분)

- 치킨 스톡 시판 제품 1/2컵
- 간장 2큰술
- 식초 2큰술
- 설탕 2큰술
- 두반장 또는 고추장 1작은술
- 참기름 1작은술
- 흰 깨 1작은술

파스타 재료(1인분)

- 페델리니 1.4mm 파스타면 80g
- 소스 90㎖ 1국자분
- 오이 1/2개 – 감자칼로 얇게 썰기
- 무 적당량 – 감자칼로 얇게 썰기

  A
  - 간장 1작은술
  - 참기름 1/2작은술
- 새우수 2~3마리
- 실고추 약간 – 생략 가능

면 삶기

- 삶는 시간 7분
- 냄비에 물 1ℓ를 부고, 물 양의 3% 정도의 소금을 넣어 약 2큰술 면을 삶는다. 7분이 지나면 찬물에 헹구고 키친타월에 싸서 물기를 꼭 짠다.

HOW TO MAKE

1. 볼에 소스 재료를 모두 넣고 섞어 식혀둔다.
2. 오이와 무는 각각 소금분량 외을 뿌려 절이고 물기를 짜서 A로 간한다. 청주분량 외를 넣은 뜨거운 물에 새우를 데쳐둔다.
3. 파스타면은 물기를 잘 빼고 그릇에 담아 1을 붓는다. 오이, 무, 새우를 곁들이고 실고추가 있으면 얹는다.

TIPS!

- 삶은 달걀과 김치를 얹으면 더 맛있다. 간장과 참기름으로 버무린 나물을 얹어도 좋다.

한국식 냉면을 파스타로 재현했다. 매운맛 소스와 파스타면이 무척 잘 어울린다.

FRUIT-TOMATO AND STRAWBERRY COLD PASTA

새로운 맛의 세계, 차가운 파스타
99

씨겨자로 풍미를 낸
프루트 토마토 딸기 냉파스타

FRUIT-TOMATO AND STRAWBERRY COLD PASTA

소스 재료(2인분)

- 프루트 토마토 2개
- 딸기 2개
- 엑스트라버진 올리브오일 2~3큰술
- 씨겨자 1/2작은술
- 소금 1/2작은술

파스타 재료(1인분)

- 카펠리니 0.9㎜ 파스타면 60g
- 소금 1작은술
- 엑스트라버진 올리브오일 1큰술
- 프루트 토마토 1개 – 10등분하기
- 딸기 2개 – 각각 4등분하기
- 이탈리안 파슬리 1개

면 삶기

- 삶는 시간 3분
- 냄비에 물 1ℓ를 붓고, 물 양의 3% 정도의 소금을 넣어 약 2큰술 면을 삶는다. 3분이 지나면 찬물에 헹구고 키친타월에 싸서 물기를 꼭 짠다.

HOW TO MAKE

1. 먼저 소스를 만든다. 딸기와 프루트 토마토를 껍질째 믹서에 넣고 갈아 차가운 볼에 옮겨 식힌다. 씨겨자, 엑스트라버진 올리브오일을 넣어 섞은 후 맛을 보고 소금으로 간한다.
2. 파스타면은 물기를 잘 빼고 차갑게 식힌 볼에 넣어, 소금, 엑스트라버진 올리브오일 순으로 뿌려 간한다.
3. 프루트 토마토와 딸기를 1에 넣어 섞는다.
4. 3을 2에 넣고 잘 섞는다. 그릇에 담고 이탈리안 파슬리로 장식한다.

TIPS!

- 씨겨자는 포인트를 주는 정도로만 사용한다. 너무 많이 쓰면 딸기와 프루트 토마토 맛의 균형을 무너뜨리므로 주의한다.

딸기의 산뜻한 신맛, 완숙 프루트 토마토의 단맛에 씨겨자가 의외의 포인트가 된다.
겉보기와는 다른 맛이다!

COCKTAIL STYLE COLD PASTA

새로운 맛의 세계, 차가운 파스타
100

가리비와 그레이프루트를 넣은
칵테일풍 냉파스타

COCKTAIL STYLE COLD PASTA

재료(1인분)

- 페델리니 1.4㎜ 파스타면 80g
- 그레이프루트 겉껍질(과육을 파낸 것) 1/2개분 – 그릇용
- 가리비 1개 – 2cm 크기로 깍둑썰어 소금, 후추로 밑간하기
- 올리브오일 1큰술
- 마늘 1쪽 – 으깨기

A
- 방울토마토 2개 – 4등분하기
- 아보카도 1/8개분 – 2cm 크기로 썰기
- 바질 2장 – 채썰기
- 그레이프루트 화이트, 레드 2쪽씩 – 즙은 따로 두기
- 다진 양파 1큰술

B
- 엑스트라버진 올리브오일 2큰술
- 레몬즙 1작은술
- 소금, 후추 약간씩

면 삶기

- 삶는 시간 7분
- 냄비에 물 1ℓ를 붓고, 물 양의 3% 정도의 소금을 넣어 약 2큰술 면을 삶는다. 7분이 지나면 찬물에 헹구고 키친타월에 싸서 물기를 꼭 짠다.

HOW TO MAKE

1. 그레이프루트를 세로로 2등분하여 과육을 빼낸다. 겉껍질은 두고, 빼낸 과육은 속껍질을 벗겨 썰어둔다. 썰 때 나온 즙은 따로 둔다.
2. 팬에 마늘과 올리브오일을 넣고 약한 불에 올려 가열하다가 향이 나면 밑간한 가리비를 넣어 볶고 식혀둔다. 이때 가리비에서 나온 즙도 덜어둔다.
3. 1과 2, A를 차갑게 식힌 볼에 넣고 B도 넣어 잘 섞는다.
4. 파스타면은 물기를 잘 빼고 3에 넣어 섞는다. 그레이프루트 겉껍질에 담는다.

그레이프루트를 그릇으로 만든 상큼한 요리다. 애피타이저나 샐러드로 즐기면 좋다.

이 책에서 소개하는 '맛'을 즐길 수 있는
호텔 뉴오타니 레스토랑 가이드

호텔 내의 레스토랑에서 파스타를 즐길 수 있다.
파스타는 정식 메뉴에 없더라도 주문이 들어오면 만든다.
원하는 재료, 맛, 파스타의 종류 등을 이야기하면 셰프의 오리지널 파스타를 즐길 수 있다.

서양식 레스토랑 'BELLA VISTA'

가든 타워 최상층인 40층에서 멋진 전망을 보며 오픈 키친에서 조리한 파스타를 맛볼 수 있는 곳이다. 파스타 외에 숯 그릴 요리도 일품이다.
점명 벨라 비스타
영업시간 11:30~14:00(주말 및 공휴일 ~14:30), 17:30~21:00
전화번호 03-3238-0020

커피숍 'SATSUKI'

'미트소스 파스타'나 '일본식 파스타' 등 기본 메뉴부터 '반숙 달걀을 곁들인 나폴리탄 파스타 철판구이' 등 다양한 메뉴가 있다. 한 접시의 양이 많아서 파스타는 스몰 사이즈를 주문해도 된다.
점명 파티세리 'SATSUKI'
영업시간 6:00~24:00
파스타 제공 시간 11:00~24:00
전화번호 03-5275-3177

뷔페 바 'VIEW&DINING THE Sky'

호텔이 문을 열었을 때부터 있던 회전식 전망 레스토랑이다.
뷔페 형식이지만 파스타는 주문 후 바로 만들어 제공한다.
점심과 저녁, 제공 메뉴가 바뀐다.
점명 뷰&다이닝 더 스카이
영업시간 11:30~14:00, 17:30~21:00(성수기는 2부제)
전화번호 03-3238-0028

뷔페 레스토랑 'Top'

호텔 뉴오타니를 대표하는 일류 셰프들의 스페셜 메뉴를 즐길 수 있는 뷔페 레스토랑이다. 약 40종류의 메뉴가 있는데 그날의 '이탈리안 파스타'가 셰프 서비스로 제공된다.

점명 톱
영업시간 7:00~10:00, 11:30~14:00, 17:30~21:00
전화번호 03-3238-0023

바 '바 카프리'

바이지만 점심메뉴와 많은 일품요리를 제공한다. 기본 샌드위치부터 다양한 햄버거까지 알코올음료를 즐기면서도 배불리 먹을 수 있다.

점명 바 카프리
영업시간 13:00~25:00
전화번호 03-3238-0035

올 데이 다이닝 'SATSUKI'

2014년 7월 오사카에 문을 연 SATSUKI. 인기 있는 '반숙 달걀을 곁들인 나폴리탄 파스타 철판구이' 등을 즐길 수 있는 캐주얼한 레스토랑이다.

점명 SATSUKI
영업시간 7:00~23:00
전화번호 06-6949-3234

호텔 정보는 2015년 3월 30일을 기준으로 한 것이다.
표시된 가격은 세금 및 봉사료가 포함되지 않은 가격이다.

HONTOU NI UMAI SPAGHETTI NO TSUKURIKATA 100

© NEW OTANI HOTELS

Originally published in Japan in 2015 by IKAROS PUBLICATIONS LTD., TOKYO,
Korean translation rights arranged with IKAROS PUBLICATIONS LTD., TOKYO,
through TOHAN CORPORATION, TOKYO, and SHINWON AGENCY CO., SEOUL.

이 책의 한국어판 저작권은 신원 에이전시를 통해 저작권자와 독점 계약한 (주)도서출판 달리에 있습니다.
저작권법에 의해 한국 내에서 보호를 받는 저작물이므로 무단전재와 무단복제를 금합니다.

집에서 만드는 호텔 파스타
NEW OTANI HOTEL PASTA 100

호텔 뉴오타니 지음

1판 1쇄 펴냄	2015년 10월 29일
1판 4쇄 펴냄	2019년 3월 22일
펴낸이	박소연
펴낸곳	(주)도서출판 달리
등록	2002. 6. 4.(제10-2398호)
주소	04008 서울시 마포구 희우정로16길, 17-5
전화	02-333-3702
팩스	02-333-3703
ISBN	978-89-5998-297-4 13590